民族之魂

孝敬父母

陈志宏◎编著

延边大学出版社

图书在版编目（CIP）数据

孝敬父母 / 陈志宏编著 . –– 延吉 : 延边大学出版社 , 2018.4（2023.3 重印）

（民族之魂 / 姜永凯主编）

ISBN 978-7-5688-4498-7

Ⅰ . ①孝… Ⅱ . ①陈… Ⅲ . ①品德教育－中国－青少年读物 Ⅳ . ① D432.62

中国版本图书馆 CIP 数据核字（2018）第 069515 号

孝敬父母

––

编　　　著：陈志宏
丛 书 主 编：姜永凯
责 任 编 辑：孙淑芹
封 面 设 计：映像视觉
出 版 发 行：延边大学出版社
社　　　址：吉林省延吉市公园路 977 号　　邮编：133002
网　　　址：http://www.ydcbs.com　E-mail：ydcbs@ydcbs.com
电　　　话：0433-2732435　　　　　传真：0433-2732434
发行部电话：0433-2732442　　　　　传真：0433-2733056
印　　　刷：三河市同力彩印有限公司
开　　　本：640×920 毫米　　　　1/16
印　　　张：8　　　　　　　　　　字数：90 千字
版　　　次：2018 年 4 月第 1 版
印　　　次：2023 年 3 月第 2 次印刷
ISBN 978-7-5688-4498-7

––

定价：38.00 元

人有灵魂，国有国魂；一个民族，也有民族魂。

鲁迅先生曾经说过："唯有民魂是值得宝贵的，唯有他发扬起来，中国才有真进步。"

鲁迅先生以笔代戈，战斗一生，曾被誉为"民族魂"。

民族魂，顾名思义，就是一个民族的灵魂！民族魂，是一个民族的精髓，体现了一种民族的精神，是一个民族生存和存在的精神支柱。

什么是中华民族的民族魂？那就是中华民族精神！它是中华民族凝聚力的理念核心，是中华文明传承的基因。它包含热烈而坚定的爱国情感，对生活的美好愿望和追求，为目标努力奋斗的拼搏毅力，为正义事业不惜牺牲自己的精神，以及正确的人生观和价值观。

前 言

翻开浩瀚的中国历史长卷，我们可以看到数不胜数的，体现民族精神和民族魂的英雄人物和可歌可泣的感人故事。

民族魂，不仅体现在爱国主义精神和行动中，而且体现在各个领域自强不息的民族奋斗中。而中华民族精神的力量，更是深深植根于延绵几千年的传统文化之中，始终是维系中华各族人民共同生活的纽带，是支撑中华民族生存和发展的精神支柱，是不断推动中华民族前进的强大动力。

民族魂体现在"重大义，轻生死"的生死观中；民族魂体现在"国家兴亡，匹夫有责"的使命感中；民族魂体现在"我以我血荐轩辕"的大无畏精神中；民族魂体现在将国家利益置于最高的爱国情怀中！

纵观中华五千年文明史，曾经有多少杰出的政治家、军事家、思想家、文学家、科学家、艺术家；曾经有多少忧国忧民、鞠躬尽瘁的仁人志士；曾经有多少抗击外敌、英勇献身的民族英雄。他们或顺应历史潮流，积极改革弊政，励精图治，治国安邦，施利于民；或为人类进步而不断进行着农业、工业、科技、社会等各种创新；或开发和改造河山，不断创造着灿烂的中华文明；或英勇反击外来侵略，捍卫着国家主权和民族尊严；或坚决反对民族分裂，维护国家的统一……他们从不同的侧面，体现了中华民族的民族魂，谱写了几千年中华文明的壮丽诗篇，铸造了中华民族高尚而坚不可摧的"民族之魂"。

民族魂，就是爱国魂。从屈原在汨罗江边高唱的《离骚》，到文天祥大义凛然赴死前的"人生自古谁无死，留取丹心照汗青"的诗句；从岳飞的岳家军抗击入侵金兵，到郑成功收复台湾；从血雨腥风的鸦片战争，到硝烟弥漫的十四年抗战，再到抗美援朝的隆隆炮声……哪个为国捐躯的英雄不是可歌可泣的？

民族魂，就是奋斗魂。从勾践卧薪尝胆，到司马迁秉笔直书巨著《史记》；从鉴真东渡传播佛法终在第六次成功，到詹天佑自力更生建铁路；从袁隆平百次实验成为"水稻之父"，到屠呦呦的青蒿素获得诺贝尔奖……哪个不是历经艰难，最终取得成功？

民族魂，就是改革献身魂。从管仲改革到商鞅变法；从王安石变法到百日维新……哪次变法图强不是要冲破

民族之魂

旧势力的阻挠，或流血牺牲？

民族魂，就是创新魂。 古有毕昇发明活字印刷，今有王选计算机照排；古有指南针、造纸术、火药、浑天仪、地动仪的发明，今有神舟号的相继飞天……哪个不是中华民族的智慧结晶？

自古以来，多少仁人志士为了维护人格的尊严和民族气节，以生命为代价！留下了"玉可碎不可污其白，竹可断不可毁其节"的称颂；有多少英雄豪杰，为理想和事业奋斗，面对死亡的威胁，大义凛然；有多少爱国壮士面对侵犯祖国的列强，挺身而出而献出生命。

伟大的中华民族孕育了五千年的辉煌，五千年的历史留下了璀璨的中华文明。

前言

中国人的血脉流淌着顽强不屈的精神！我们的先辈用血汗和生命铸就了不朽的中华民族魂！换得如今中华大地的一片祥和安宁，换得我们现在的幸福生活。如今，我们要实现习近平主席提出的中国梦，依然需要我们秉承祖辈留下的这种"民族魂"。

青少年是国家的希望，亦是民族的未来。因此，爱国主义教育和励志图强教育要从青少年开始。为了增强对青少年的民族精魂和志向教育，我们精心编写了本套丛书——《民族之魂》丛书。

本套丛书将我国有史以来体现民族精神和民族魂的典型事迹，以通俗易懂的语言故事形式展现出来，适合青少年的阅读水平和欣赏角度。书中提供的人物和事件等故事，涉及社会的各个方面，有利于青少年学习和理解，使读者能全方位地领悟中华民族精神。

为了帮助读者更好地理解和吸收故事的精神，编者在每篇故事后还给出了"心灵感悟"，旨在使故事更能贴近现实社会，让读者结合自身的需要学习领会，引发读者更深入的思考。

希望读者们可以从本套图书中获得教益，通过阅读，真正体会到中华民族之魂所在，同时能汲取其精华，不断提升自己各方面的素质和品格，为祖国新时代的建设和发展做出努力。

全套丛书分类编排，内容详尽，风格独具，是广大读者尤其是青少年爱国励志教育的优秀阅读材料。相信本套丛书一定可以成为青少年朋友的良师益友。

导言

　　孝，按《说文解字》之解为："善事父母者。从老省，从子，子承老也。"孝的观念在中国历史上有着深厚的基础，因为中国古代社会由父系大家族组成，"父子不析居"，重视家庭伦理。古人认为"父子一体也"，子孙是父祖的传世，父祖的家产由子孙继承。子孙不但是父祖的血脉，子孙的财产和事业也由父祖所留，所以孝敬父祖是天经地义。"孝"的涵义很广，《周书·谥法》里有："慈惠爱亲曰孝，协时肇享曰孝，五宗安之曰孝，秉德不回曰孝。"意思是说，对父母生前恩养孝顺是孝，父母不在时按时祭祀是孝，能使亲族和睦安定是孝，能保持良好的品性而不改变也是孝。

　　"孝"源于人类对父母养育之恩自觉回报的原始感情，在中国本土上孕育出了以孝为核心的孝文化、孝道德。中华民族是个讲孝道的民族，孝是中华儿女的美德，中国历代王朝的统治者大多也都非常重视孝悌。中国历史上共产生过300多位皇帝，他们大多数都宣称要"以孝治天下"。因为"求忠臣于孝悌之家"，孝是忠的前提，"君则父也"，推父及君，只有孝子才能做忠臣。孝使家庭和睦，忠让社会定安，能使国家长治久安，正是由于孝有这样的社会基础，又得到统治者的大力提倡，于是孝道也成了中国传统道德中十分重要的内容，"人而无孝，何异于禽兽"，成了中国人千年不变的信条。

在封建社会里，"孝"被蒙上了浓重的封建迷信色彩，如"不孝有三，无后为大"，这显然已不适应现代社会的发展；"卧冰求鲤"等故事也明显有不切实际的色彩；还有一些"做父母的没有不当"等不辨是非的"愚孝"观念，在今天都是不可取的。孝行没有具体的标准，不能用物质的多少来衡量，最主要的是孝心。古语说："百善孝为先，论心不论行，论行天下无孝子。"说的就是这个道理。但孝行最基础的还是保证父母的物质需要，使父母生活得到保障。在发展社会主义市场经济的新形势下，中华民族传统美德中的孝道也应有新的发展和诠释，除了对父母的衣食住行、病老起居予以照顾外，还应对父母的心理、习惯、思想给予更多的关心。但要从更深层次做到孝，则各家有各家的情况，全凭儿女自己的理解和感悟。然而，做一个有益于社会的人，则是孝道的更高层次。

在本书中，我们精心选编了一些体现"孝敬父母"的典型故事。从这些故事中，可以看出他们以孝为重的品格，希望大家通过阅读此书，可以从中受到教益和启迪，学习古人的优秀品格，传承和发扬祖国的优秀传统文化，为和谐社会的构建尽自己的一份义务。

目录

CONTENTS

第一篇

严父慈母受爱戴

虞舜尽孝受众推

虞舜，三皇五帝之一，传说目有双瞳而取名重华，字都君；生于姚墟，故以姚为姓，今山东省诸城市万家庄乡诸冯村人。原为部落联盟首领，受尧的禅让而称帝于天下，其国号为"有虞"，故号为"有虞氏帝舜"。帝舜、大舜、虞帝舜、舜帝皆为虞舜之帝王号，故后世以舜简称之。舜去世后，禅位于禹。

中华民族有5000年悠久的历史，在这源远流长的历史长河中，无数古圣先贤以至德垂宪万世。在上古时代，有三位皇帝——尧、舜、禹，他们均因德行至大而受四方举荐登上帝位。这其中，大舜因至孝而感动天地，被尧帝选为继承人，他的故事也被列为历代孝行故事之首。

尧于16岁称帝，开始治理天下，到86岁时，年纪大了，希望能找到一个合适的人继承帝位。于是他征求群臣的意见，没想到诸位大臣异口同声地向他推荐一个乡下人——舜，因为此人是一个著名的孝子。从这里可以看出，我们的祖先把孝行放在德行的首位，认为一个孝顺父母的人，必定会爱护天下的百姓。

舜即位之后，国号为虞，历史上称他为虞舜。

虞舜，本姓姚，名重华。舜的父亲叫瞽叟，是一个不明事理的人，很顽固，对舜相当不好。舜的母亲叫握登，非常贤良，但不幸在舜很小的时候就过世了，于是父亲再娶。后母是一个没有德行之人，生了弟弟象以后，父亲偏爱后母和弟弟，三个人经常联合起来欺负舜。

舜对父母非常孝顺，即使在父亲、后母和弟弟都将他视为眼中钉，欲除之而后快的情况下，他仍然恭敬地孝顺父母、友爱兄弟，竭尽全力使家庭温馨和睦，与他们共享天伦之乐。虽然这其中经历了种种艰辛曲折，但他终其一生都在为这个目标不懈努力。

小时候，他受到父母的责难，心中所想的第一个念头是："定是我哪里做得不好，才会让他们生气！"于是，舜便更加细心地检省自己的言行，想办法让父母欢喜。如果受到弟弟的无理刁难，他不仅能包容，还认为是自己没有做出好榜样，才让弟弟的德行有所缺失。他经常深切地自责，有时甚至跑到田间号啕大哭，自问为什么不能做到尽善尽美，得到父母的喜欢。人们看到他小小年纪就能如此懂事孝顺，没有不为之感动的。

那时候，尧帝正为传位的事情操心，听到四方大臣的举荐，知道舜淳朴宽厚、谦虚谨慎，但治理天下唯有德才兼备的人才能胜任。于是，尧帝就把两个女儿——娥皇和女英嫁给舜，并派了9位男子来辅佐他，希望由两个女儿来观察、考验他对内的行持，由9位男子来考验他对外立身处事的能力。

娥皇和女英明理贤惠，侍奉公婆十分孝顺，操持家务农事也井然有序，不仅是舜的得力助手，还成全了舜始终不渝的孝心。有一次，瞽叟让舜上房修补屋顶。舜上去之后，想不到瞽叟在下面放火。当大火熊熊向上燃烧，情况万分危险之时，只见舜两手各撑着一个大的竹笠，像大鹏鸟一样从房上从容不迫地跳下来。原来聪慧的妻子早已为他准备好了防身的方法。

又有一次，瞽叟命舜凿井。舜凿到井的深处，瞽叟和象想把舜埋在井里，就从上面往井里拼命倒土，以为这样舜就永远出不来了。没想到舜在二位夫人的安排下，早已在井的半腰凿了一个通道，又躲过一劫。当象得意地以为舜的财产都归他所有时，猛然见到舜走进屋里，他大吃一惊，慌忙掩饰一番。但舜并未露出忿怒的神情，仿佛若无其事。此后，舜侍奉父母、对待弟弟越加谨慎了。

舜初到历山耕种的时候，当地的农夫经常为了田地互相争夺。舜便率先礼让他人，尊老爱幼，用自己的德行来感化众人。果然，一年之后，这些农夫都大受感动，再也不互相争田争地了。

舜曾到雷泽这个地方打鱼。当地年轻力壮的人经常占据较好的位置，孤寡老弱的人就没办法打到鱼。舜看到这种情形，也率先以身作则，把水深鱼多的地方让给老人家，自己则到浅滩去打鱼。由于他一片真诚，没有丝毫勉强，众人大为惭愧和感动。所以在短短的一年内，大家都互相礼让于老人了。

舜还曾经到过陶河一带。此地土壤质量不佳，出产的陶器粗劣。令人惊讶的是，舜在此地治理一年后，连陶土的质量都变好了，做出来的器皿品质优良。大家一致认为这是舜的德行所感召的结果。后来，只要舜所居之处，来者甚众，一年即成村落，二年成为县邑，三年就成为都市，亦即史上所称的"一年成聚，二年成邑，三年成都"。

尧帝得知舜的德行后，更加赏识他，于是又开始考验他的种种能力，舜又毫不畏惧地接受了诸多艰难的考验。一次，尧帝让舜进入山林川泽，考验他的应变能力。虽遇暴风雷雨，但舜凭着智慧与毅力，安然无恙地回来。他的勇敢镇定，使尧帝坚信舜的德行足以治理天下。

但是，舜历经种种考验之后，尧帝并未马上将王位传给他，而是让他处理政事20年，代理摄政8年，28年之后才正式把王位传给舜。由此足见古代帝王对于王位的传承确实是用心良苦，丝毫不敢大意。当舜继承王位时，并不感到特别的欢喜，反而伤感地说："即使我做到今天，父母依然不喜欢我，我作为天子、帝王又有什么用？"他的这一片孝行，莫不令闻者潸然泪下！皇天不负苦心人，舜的孝心和孝行最终感化了他的父母，还有弟弟象。

□故事感悟

不能以仁治世、以德治国，国家就难以长治久安。孟子云："舜何人也？予何人也？有为者，亦若是！"舜能做到孝顺，我们也能。因为人的天性中都有一颗至善、至敬、至仁、至慈的爱心。假如我们能以舜为榜样，真正尽到孝亲顺亲的本分，必能缔造幸福美满的家庭。继而，再将孝扩大到我们周遭所有的长辈，任何冲突对立都会冰释消融。这至孝的大爱孕育出的是上下无怨、民间和睦的和谐社会。

愿我们都能以身作则，相互勉励，做一个真正的孝子。

□史海撷英

虞舜改制

舜继位以后，在政治上进行了一番大的改革。原已举用的禹、皋陶、契、弃、伯夷、夔、龙、垂、益等人职责都不明确，于是，舜命禹担任司空，治理水土；命弃担任后稷，掌管农业；命契担任司徒，推行教化；命皋陶担任士，执掌刑法；命垂担任共工，掌管百工；命益担任虞，掌管山林；命伯夷担任秩宗，主持礼仪；命夔为乐官，掌管音乐和教育；命龙担任纳言，负责发布命令，收集意见。舜还规定三年考察一次政绩，由考察三次的结果决定这些负责人的提升或罢免。通过这样的整顿，"庶绩咸熙"，各项工作都出现了新面貌。

上述这些人都创造了辉煌的业绩，其中以禹的成就最大。他尽心治理水患，身为表率，凿山通泽，疏导河流，终于制服了洪水，使天下人民安居乐业。当此之时，"四海之内咸戴帝舜之功""天下明德皆自虞帝始"，国家呈现出前所未有的清平局面。

■文苑拾萃

禅让制

禅让制是历代统治者和王朝更迭的一种方式，指在位君主生前便将统治权让给他人。形式上，禅让是在位君主自愿进行的，是为了让位于贤能，让年轻的人治理国家。通常，禅让时将权力让位给异姓，这会导致朝代更替，称为"外禅"；而让位给自己的同姓血亲，则被称为"内禅"。让位者通常称"太上皇"，不导致朝代更替。

颍考叔孝道感君

郑庄公（公元前757—前701），郑武公之子，名窹生，今郑州市新郑人，春秋初年的郑国国君。他曾平定其弟共叔段的叛乱，继武公之后，为周平王的卿士。后来，周平王为了削弱郑的力量，分政于虢，任虢公忌父为右卿士，由郑庄公为左卿士，于是周、郑之间发生了矛盾，双方互派人质。不久，周平王死去，继之者周桓王打算让虢公单独执政，结果双方发生争执。公元前712年，周桓王罢了郑庄公左卿士之职，郑庄公进行报复，五年不去朝见周王。于是公元前707年，桓王率领蔡国、卫国、陈国三国之师伐郑，战于葛，但被郑军打得大败。到了公元前701年，郑庄公召齐国、卫国、宋国会盟于恶曹（今河南延津西南），几乎当上了春秋初年的霸主。

颍考叔，春秋时郑国人（今河南新郑市一带），是郑庄公手下的一位管理疆界的官员。

郑庄公出生时脚先出来，他的母亲武姜氏因为这个特别讨厌他，而偏向他的弟弟共叔段，想立共叔段为国君。但庄公的父亲武公不同意，最终还是庄公继了位。

庄公继位后，武姜氏千方百计地帮着共叔段扩充势力，伺机夺权。庄公欲擒先纵，待时机成熟时，先发制人，在共叔段攻打京城前，一举打败共叔段于鄢地。共叔段逃亡到国外，妄想打开京城之门做内应的武姜氏被放逐到城颍（今河南临颍县西北）。郑庄公对其母发誓说："不到黄泉，咱们不要再见面了。"但武姜氏再不对，毕竟是自己的母亲呀。过了一段时间，气消了之后，庄公又觉得自己有些过分。可话已经说出了口，又有什么办法呢？

颍考叔听到这件事后，就拜见郑庄公，庄公招待他吃饭。席间，庄公发现颍考叔把肉食都放到一边，从不动筷，就好奇地问："你怎么不吃肉食呢？"颍考叔赶忙回答说："小人不是不吃肉食，而是因为我上有老母。我们家的好东西她老人家都吃着了，但从来没有吃过国君您这里好的菜肴，请允许我把这些菜带回去给我老母尝尝。"郑庄公感慨地说："你还有母亲，吃什么还可以想着她，给她带回去吃。我就没有这种福分了。"颍考叔明知故问地说："我能问一下，您这话说的是什么意思吗？"庄公就把放逐母亲于城颍，并发誓不再相见的事说了一遍，在诉说时还流露出悔恨的表情。颍考叔觉得时机已到，就开导说："您有什么可忧虑的呢？假如您深挖地面，到有泉水处，打一个隧道，母子在隧道里相见，谁能说这不是在黄泉中相见呢？"庄公高兴地听从了颍考叔的话。

隧道打通了。庄公在进隧道时，十分激动，就赋诗一首，其中一句说："大隧之中，其乐融融。"武姜氏出了隧洞以后，也感慨万端，懊悔不已，也赋诗一首，其中一句是："大隧之外，其乐也泄泄（和乐融融）。"从此母子和好如初。

■故事感悟

《左传》的作者在评论这件事时说：颍考叔是一个有纯粹孝心的人，他对母亲的爱感召了郑庄公。"孝子不匮，永锡尔类"，《诗经》里的这两句诗说的就是这种情况吧。一举一动，尽善尽美，无人讲他闲话。

读完这则故事，也让我们明白了父母亲情的珍贵。父母即使有过错，也应该学会宽容，而不是去责怪。因为生我们、养我们的毕竟是父母，而不是其他人啊！

■史海撷英

郑国兴起

郑庄公"克段于鄢"，成功地处理了内政方面的问题，实现了国内的统一，从而为争霸中原奠定了基础。当时郑庄公是周平王的卿士，权力非常大，这也为他借周王名义讨伐不顺服的诸侯创造了条件。公元前721年，即平息共叔段叛乱的第二年，郑庄公就发兵攻打近邻卫国，从此走上了扩张的道路。

■文苑拾萃

卿 士

卿士一作卿史、卿事，源于商。甲骨文有官名卿史，见《殷虚书契前编》卷二第二十三页第一片等。西周或为卿的通称，如《书·洪范》："王省惟岁，卿事惟月，师尹惟日。"或指总领诸卿的执政大臣，如《诗·小雅·十月之交》列举七个朝廷大臣，以"皇父卿士"为首位。《诗·大雅·常武》："赫赫明明。王命卿士，南仲大祖，大师皇父。整我六师，以修我戎。"此谓周宣王册命卿士于南仲的祖庙，受命者为大师皇父，足见卿士即是太师。

薛包善待继母

汉安帝（94—125），名刘祜，汉族。父清河王刘庆为汉章帝子，母左小娥。公元106年即位，在位19年。死后谥号孝安皇帝，庙号"恭宗"，葬于恭陵。年号永初、元初、永宁、建光等。

薛包，字孟尝，汉安帝时汝南人。

他年轻时就勤奋好学，对人厚道，懂得礼貌。母亲常年疾病缠身，卧床不起，薛包求医煎药，端水送茶，问冷问热，伺候得非常周到。于是，他孝敬老人的名声便传遍了乡里。

母亲去世后，父亲又娶了一房妻子。为了讨个好名声，继母对薛包大面上总还过得去，但时间一长就容不得了，开始在父亲面前说薛包的坏话。天长日久，父亲信以为真，就叫薛包出去自己生活。薛包不忍抛下父母自己单过，就日夜哭泣。这下可惹恼了父亲，他竟用棍杖把薛包赶了出去。

薛包无奈，只好在院外搭个棚子，晚上睡在那里，早晨起来还是回到家里，洒扫庭院。父亲还是逼他走，他实在没办法了，只好在庄外搭个小棚，住在那里，早晚依然回家来洒扫院子，干些伺候父母的零活。不管刮风下雨还是大雪飞扬，一年多来从不间断。薛包的孝心终于感动了父亲和继母，他们又准许薛包搬回家住了。

薛包回家之后，更加孝敬继母，关心体贴，竭尽孝心。在继母病重时，他问病求医，煎药送水，时刻不离，白天渴不思饮，夜晚衣不解带，直到继母去世，从无倦怠之意。

父母双双过世之后，继母生的弟弟要求分家。薛包一再劝阻，仍是无效，便主动把好的房屋、田地、器物、能干的佣人都留给了弟弟，自己把老得不能干活或无家可归的佣人领去。他说："这些老人和我同住多年了，你不能使用他们啊，跟我去吧。"田地，他拣荒芜贫瘠无法耕种的要；房屋，他拣破旧要倒塌的要。他说："这是我年轻时所经营的，我很留恋这些土地和房屋啊。"器具物品，他捡破烂的要，他说："这些器具物品是我平素吃穿用的东西，适合我的身体和口味啊！"

弟弟好吃懒做，不务正业，不久就把分得的家产全败光了，薛包就经常周济他，从不袖手旁观，也不埋怨挖苦。乡里人有的说："你弟弟游手好闲，对你又不好，也不是一母所生，有钱也不能给他呀！"薛包笑着回答说："兄弟团结友爱，也好让九泉之下的老人放心，这也是尽孝心呀。"

汉建光年间，薛包的孝行传到京城，得到了皇帝的赏识，公车特召他当侍中官。

□故事感悟

孟子曾说，世俗所谓不孝的事情有五件：四肢懒惰，不管父母的生活，一不孝；好下棋喝酒，不管父母生活，二不孝；好钱财，偏爱妻室儿女，不管父母生活，三不孝；放纵耳目的欲望，使父母因此受耻辱，四不孝；逞勇敢，好斗殴，危及父母，五不孝。读完这个故事，用心体会下孟子所提倡的孝悌，便可知薛包的行为已经完全尽到了孝道。一个人孝敬亲生父母似乎天经地义，并不是很难的事情，但要对继父母完全尽孝道，对于许多人来说的确不容易做到。因此说，薛包是美好道德风尚的典范！

夺宫之变

汉安帝本来立后宫庶妃李氏所生子刘保为太子，因为皇后阎氏未生子。阎氏惧怕李氏依仗太子夺其地位，遂将李氏毒死，后又诬告太子保谋反，使安帝废黜太子保，将其贬为济阴王。

安帝崩，太子被废，阎后遂立章帝之孙、北乡侯刘懿为帝。而北乡侯在位半年，卒。刘懿卒后，阎氏秘不发丧，屯兵宫中自守。宦官孙程等联合宫中几大掌权宦官，秘密迎立废太子济阴王保为帝，是为顺帝。而阎后则被囚禁起来，不久死去。此事史称为夺宫之变。

侍 中

侍中，官名。秦侍中为丞相之"史"（属员），以往来殿内东厢奏事，故名。汉为上起列侯、下至郎中的加官，加此官者可出入宫廷，担任皇帝侍从。侍中任务很杂，须分掌乘舆服物（包括"虎子"即溺器在内）。但此官因身居君侧，常备顾问应对，地位渐趋贵重。汉武帝时，因侍中莽何罗图谋行刺，始令侍中出居宫外。王莽执政时复入，东汉章帝时复出外。秦、汉侍中数量无定。魏、晋定为四人，加官者不在限额内，职责与秦、汉侍中不同，虽仍在近侧，而不任杂务，与散骑常侍同备顾问应对，拾遗补缺，遂成为清要之官。魏国时已经成为加衔，司马懿、曹爽执政都加衔侍中。晋朝建立，侍中的地位和作用日益重要，不仅开始成为三公、执政的加衔，而且直接参与朝政，晋怀帝就是侍中华混拥立的。

孔奋孝母无微不至

孔奋（生卒年不详），字君鱼，东汉初扶风茂陵（今陕西西安西北）人。少年时跟随刘歆学《春秋左氏传》，遭王莽之乱，与老母和幼弟到河西地区躲避兵乱。东汉建武五年（29年），任河西大将军窦融官署议曹掾，任姑臧长。任职四年，虽在富庶地区为官，财产却无所增，为人们所敬仰。侍奉母亲极孝，自己生活却极俭朴，四处寻求珍膳侍奉老母。后任武都太守，告病去官后，死于家中。所到之处，以廉洁著称。

孔奋，汉代扶风人。他从小就懂得事理，听从父母的教导，帮父母干力所能及的活，从不惹父母生气，也不叫父母为自己操心。少年时，他就以孝敬父母闻名州里。

父亲去世之后，他为了减轻母亲的思念、悲痛和孤独感，侍奉母亲更加周到。待人接物，为人处世更加谨慎，以免母亲为自己操心，或觉得生活不便。

每天早晨起床后，孔奋所做的第一件事就是到母亲屋里去请安，问寒问暖，问睡问食。直到母亲说："忙去吧！"他才肯离去。之后，他便和妻子一起安排好母亲一天的饮食，总不忘嘱咐妻子一定要把饭菜做好，香甜可口，好让母亲吃得高兴。

每天晚饭后，不论忙闲，他都要到母亲房里坐坐，与母亲谈谈家务，说说见闻，为母亲解闷，听母亲教导，了解母亲的起居和身体情况。

邻里们常在孔母面前夸孔奋孝顺，孔母听在耳里，乐在心里。孔奋对母亲的孝心在当地影响很大，他在当地的名望也越来越高。

后来，孔奋当了地方郡丞。他廉洁奉公，崇尚节俭，在当地形成了廉洁风气。他当了官，身价高了，对母亲的孝敬不但没有减弱，反而更加无微不至，细心周到。他每月领到的薪俸，首先给母亲买足使用的物品，保证母亲吃得可口，穿得舒适，余下的钱才能全家动用。而他和妻子、孩子经常吃粗食淡饭。

▇故事感悟

孔奋节衣缩食孝敬母亲，博得了乡里、亲友和同僚的普遍称赞。孝敬老人，让老人吃好穿暖，很多人都有这样的愿望，但每个人的情况不同，一家人生活的物质条件也是有限的，像孔奋那样，从家人身上节俭下来钱财去孝敬母亲，确实是很难得的啊！

▇史海撷英

孔奋一家

孔奋在任府丞时深受官民敬重。他担任太守后，全郡的人都以他为榜样，修行操守。孔奋施政清明有决断，甄别和表扬善行，痛疾错误行为。见到人有美德，爱之如同亲人；对不良行为，则疾恶如仇。郡中的人都称他清廉公平。他的弟弟孔奇曾在洛阳求学，孔奋认为孔奇熟悉经典，应当为官，他自己则称病辞官，居于家乡，在家中去世。孔奋晚年有儿子名孔嘉，官至城门校尉，著有《左氏说》。

郡 丞

这是一个官名，郡守的佐官，秦置。汉朝制度，郡守下设丞及长史。都丞为太守的佐官，秩600石（太守秩2000石）。都尉下亦设丞，历代设置。东晋成帝咸康七年（341年），省诸郡丞，唯京畿的丹阳丞不省。南朝宋文帝元嘉四年（427年）复置。北朝各郡也都设丞。隋文帝废郡级行政区划，郡丞随之而废。炀帝改州为郡，置赞治，实即郡丞，后又复原名。唐高祖武德元年（618年），改郡守为"州刺史"，下设"别驾""长史"等官，不设"丞"。宋亦不设丞，明清相沿。清代仅在顺天府尹之下设"丞"一人，为正四品，掌管学校政令，乡试时充提调官。清代文人往往以"丞"为"同知"的代称（即比附汉代郡丞的官名）。

盛彦伺母事必躬亲

盛彦（？—约285），字翁子，广陵（今江苏扬州）人。少有异才。年八岁，诣吴太尉戴昌，昌赠诗以观之，彦于坐答之。辞甚康慨。母王氏因疾失明，彦每言及，未尝不流涕，于是不应辟召，躬自侍养，母食必自哺之。彦仕吴，至中书侍郎，吴平，陆云荐之于刺史周浚，本邑大中正刘颂又举彦为小中正。太康中卒，有集五卷。

盛彦，字翁子，西晋广陵人。盛彦少年时便很有才能。当时有一位叫戴昌的太尉曾以赠诗形式考查他，盛彦面对满座官僚文士，慷慨作答，没有一点理解错误的地方，受到文士们的赏识。

盛彦的母亲王氏非常勤劳节俭，不仅亲自操持家务，还时时督促盛彦读书识字，教他以礼待人。后来，由于过度操劳，母亲得了一场大病，眼睛也瞎了。家里虽然雇了一个女仆，但许多事都落在了盛彦身上。他一边帮母亲安排日常生活，一边拼命读书，他的才干也越来越受人重视。成年以后，官府鉴于他极有才名，多次征召他去做官，每次盛彦都以母亲病势沉重而推辞了。

每当谈到母亲双目失明，日常生活很难自理，重病缠身的情形时，盛彦就止不住悲伤，痛哭失声。

盛彦每天都要亲自喂母亲吃饭，凉、热、咸、淡都是他先尝一尝。这样坚持了好多年，母亲的病终于有一点好转了。

盛彦的母亲病了很长时间，女仆当然会受累，于是暗暗产生了怨恨之心。有一回，盛彦外出办事，上午没回来，女仆就生了坏心，到屋子后面的菜地里捉了一些金龟子（吃植物根茎的小虫）的幼虫，放在瓦片上烤熟了给盛彦的母亲吃，还撒谎说是好东西。母亲吃了一些，觉得很好，就以为这确实是难得的好东西，于是顺手捏了一点儿偷偷留起来。盛彦回家后，他母亲把烧熟的金龟子给他看。盛彦一看，立刻跪在母亲面前，哭着向母亲赔罪，深责自己照顾不周全，叫母亲遭罪了。母亲却安慰他说："这东西吃了也没什么事，我倒觉得眼前好像有点亮光了。"盛彦一听，异常惊喜，打来一盆清水，给母亲轻轻擦拭眼睛，没一会儿，母亲的双目就能看见东西了。盛彦这时以为当初错怪了女仆，竟然向女仆跪谢，女仆却羞愧得一句话也不敢说。

由于盛彦孝顺母亲，善待仆人，家里越来越和睦。后来，盛彦被本邑大中正刘颂举荐为小中正。

□故事感悟

"久病床前无孝子"，在我们读了盛彦照顾病重母亲数十年如一日的动人故事后，这个乡间俚语就成了悖论。当我们因为这句话而为自己不尽孝来开脱的时候，就回想下盛彦是怎样在母亲病床前尽孝的，从而反省自己的不足。

司马氏

晋朝皇族的源头为河内司马氏，在曹魏时期已世代为官。如司马朗、司马懿及司马孚等兄弟总共8人，时人称"八达"。其中司马懿最具政治及军事才略，在曹魏后期抵御蜀汉北伐及平定辽东，成了魏国重臣。239年，魏明帝去世，司马懿与曹爽受遗命共同辅政，但之后司马懿被曹爽架空。249年发生高平陵事变，司马懿重夺政权，至此司马氏开始专政。在司马懿去世后，其子司马师及司马昭逐渐巩固了司马氏的势力。此期间发生过三次反抗司马氏的战争（史称寿春三叛），皆被平定。

中 正

中正是一种官名。秦末陈胜自立为楚王时置，掌纠察群臣的过失。《史记·陈涉世家》："陈王以朱房为中正，胡武为司过，主司群臣。"三国魏立中正以藻别人物，晋南北朝仍之，唐废。《晋书·刘毅传》："愚臣以为宜罢中正，除九品，弃魏氏之弊法，立一代之美制。"宋王谠《唐语林·文学》："近代有中正。中正，乡曲之表也。藻别人物，知其乡中贤愚出处。"

汉献帝延康元年（220年），曹丕代汉自立前，尚书陈群立九品官人之法，于州郡各置中正，任识别人才之责。魏曹芳时，司马懿执政，于州置大中正，于是又有大中正、小中正之别。州的大中正，亦称州都，吴有大公平，即魏之大中正。晋、南北朝均有中正，隋尚有州都。唐无。

 # 少年抄书济家用

王僧孺（465—522），南朝梁官吏、学者，东海郯人。少好学，六岁能文。曾任尚书左丞、御史中丞。遍览群书，学识渊博，兼擅书法。与沈约、任昉为当时三大藏书家。有文集30卷，已佚，明人辑有《王左丞集》。

王僧孺是南朝时期的文学家。年幼时，他家里十分贫穷，父亲无钱供他念书，他只好自学。

在王僧孺三岁那年的一天，地方上一个很有学问的人见他勤奋好学，知道尊长敬老，就主动问他说："王僧孺，你想不想学《孝经》？如果想学，我可以教你。"王僧孺好奇地问道："《孝经》是讲什么的书啊？"那位有学问的人向他解释说："《孝经》是专门讲孝敬长辈的书，是教人有礼貌、懂道德、尊老敬长的。"

王僧孺高兴地点点头，说："那从现在开始，您就教我吧！"

这个有学问的人很喜欢王僧孺，高兴地说："只要你肯学，我一定好好教你。"

从此，王僧孺每天都学《孝经》。他早起晚睡，虚心求教，百学不厌。王僧孺十分聪明，记忆力又很强，《孝经》中很多章节他都能流利地背诵下来。一天，王僧孺正在门口背书，邻居中的一位老者见他背得十分认真，便问道："你背的这一段讲的是什么意思啊？"

王僧孺寻思了片刻，便讲了起来，但讲来讲去自己也觉得没讲出个究竟来，就不好意思地朝老者笑了笑。那位老者十分友善地告诉他说："你呀，能背下来不算真正学会。要真正理会其中的道理，又能按理解了的道理自觉地去做，才算真正学会了。"

王僧孺觉得老人说得很有道理，自己很受启发，便向老人鞠躬致谢，说："我一定按您的指点去做。"

从此，他边学边问，边背边想，逐渐理解了《孝经》的大意。应该怎样孝敬长辈，在自己头脑中也有了具体而深刻的理解。

一天，父亲的友人送来一筐李子，看见了王僧孺，就放下筐，把他叫到跟前，说："僧孺，这李子是刚从树上摘下的，新鲜极了，先拿几个去尝尝。"说着他就抓了一把递给王僧孺。王僧孺说啥也不肯要。客人想，是不是嫌少了？就又抓了一把。没等递过来，王僧孺就解释道："谢谢您啦，我不是嫌少。《孝经》里说过，要孝敬长辈，好吃的东西应让父母先尝、先吃。"

"好孩子，真懂事，长大了一定有出息！"友人对王僧孺倍加赞扬。

王僧孺勤学苦练，6岁便学会写文章了；7岁的时候，一天能读几万字的经书；十几岁时，写书著文，文辞华丽，情感奔放。他还擅长书法，写一手远近闻名的好字。因此，地方上很多人都请他去抄书、写字。他用挣来的钱给多病的母亲买药、买补品，还买米贴补家用。从此，少年王僧孺孝敬父母的事迹传遍了乡里。

■故事感悟

读完王僧孺抄书养母的故事，会不会让你产生一种对父母、对家庭的责任感？父母亲含辛茹苦地把我们抚养长大，如今他们已经年迈体衰，我们也该回报他们的养育之恩。我们应学习故事中的王僧孺，全心全意地孝敬自己的父母。

□史海撷英

南朝·梁

南朝梁（502—557年），中国历史上南北朝时期南朝的第三个朝代。梁朝后期国势败坏，北齐和西魏相继来攻，失去了大片土地，注定了北强南弱之势。南梁由萧衍建立，萧方智时陈霸先废帝自立，改国号为陈。另外萧衍的孙子萧詧曾在江陵建立西梁，传三帝，后亡于隋。

□文苑拾萃

《孝经》

《孝经》，中国古代儒家的伦理学著作。有人说是孔子所作，但南宋时已有人怀疑是出于后人附会。清代纪昀在《四库全书总目》中指出，该书是孔子"七十子之徒之遗言"，成书于秦汉之际。自西汉至魏晋南北朝，注解者及百家。现在流行的版本是唐玄宗李隆基所注，宋代邢昺疏。全书共分18章。

孝妇侍奉婆婆

汉朝时，有一位陈孝妇，淮阳地方人，品行贤淑。在她16岁时，便听从父母之命出嫁了。

陈孝妇的丈夫是一位孝顺之人，家境贫寒，与母亲相依为命。陈孝妇嫁来后，夫妇二人不仅恩爱互敬，还共同孝养母亲，生活充满了温暖与和乐。

婚后不久，未等陈孝妇生育子女，丈夫便要应征去从军了。在临行的前一天，丈夫不禁担忧母亲的晚年，于是对妻子叹息说："如今我要从军去了，生死难料。自小母亲把我养育长大，可母亲只有我这一个儿子，没有其他兄弟可以依靠。假若我回不来，你肯奉养我的母亲吗？"

陈孝妇看着丈夫那期盼却又不安的眼神，马上应诺一声："好！"她没有丝毫犹豫，神情坚定。丈夫听后十分感动，紧紧握住妻子的双手。

母亲有了妻子的照顾，丈夫心中的石头也算落了地，便安心从军去了。从此，陈孝妇尽心侍奉婆婆，同时也期盼着丈夫能早日回来，一家人可以再次团聚。

然而，天有不测风云，陈孝妇日夜盼着丈夫回来，却得到了丈夫在外去世的消息。听到这个消息时，婆婆与陈孝妇都悲痛万分，母亲失去了唯一的爱子，妻子失去了新婚不久的丈夫。一时间，整个家就像被乌云笼罩了一样，谁看了都感到心酸。

但陈孝妇悲痛之后并没有倒下，也没有怨天尤人，她一直记得丈夫临行前对她最后的嘱托，要照顾好婆婆。从此，她越加坚强起来，而且比以前更为勤劳。除了照顾婆婆，打理家事外，她还去纺纱织布，用赚来的钱奉养婆婆。每天，陈孝妇都勤苦劳作，一点儿也不懈怠，希望婆婆能生活得好一些。

同时，婆婆也很爱护媳妇。看到儿子死了以后，媳妇对自己更加体贴照顾，怕自己会伤心难过，还时常抚慰自己，生活也照顾得更为周到，婆婆也感受到了媳妇的一片至诚孝心。因此虽然失去了儿子，可婆婆心里也有所安慰，对她也像对待自己的亲生女儿一样关心照顾。

陈孝妇为丈夫守了三年丧，丧期满后，婆婆心疼她这么年轻就守寡，心中不忍，便想让她改嫁。然而，陈孝妇坚决不肯答应，她说："媳妇听说：信是为人的根本，义是行为的规则。夫君临行前，谆谆交代媳妇终生照顾婆婆，我必坚定奉守丈夫的嘱托。更何况您是我最亲的人，我怎么可以背信弃义离您而去呢？违背托付是失信，背叛亡夫更是忘义，媳妇怎能这样做啊？"

陈孝妇的话令婆婆万分感动，一时老泪纵横，拉着她的手激动地说："娘实在是不忍心看你这么年轻就守寡啊！"

陈孝妇也哭着回答道："媳妇听说，做人宁可担负义而死，不可贪恋利而生。答应夫君之事，怎么可以不守信用？为人无信，怎能立足世间啊？我作为媳妇，侍奉公婆乃分内之事，夫君不幸先死，不能尽他为人子的责任，如今再叫我离开，没有人奉养婆婆，那便显得夫君不孝，也显得我不孝啊！假使媳妇为人不孝不信又无义，那还有何颜面活在世间呢？"婆婆见她如此坚定，从此也不再叫她改嫁了。

之后，陈孝妇更是尽心竭力在家侍奉婆婆，这样侍奉了28年，一直到老人家84岁寿终正寝。在婆婆去世后，因为家中贫寒，陈孝妇为安葬婆婆，又将房产和田地都变卖了，给婆婆办理丧事；自己也终身奉守祭祀，完成她对丈夫的承诺，尽到她为人媳的责任。

当淮阳太守得知此事后，非常感动，便将她的孝行禀报给汉景帝。汉景帝听到陈孝妇信守承诺、奉养婆婆的孝行后，也十分赞赏，便下旨赐给她40斤黄金，并免除她终身的徭役，以表彰她的信义与孝行。

■故事感悟

有位学者评价说道，陈孝妇年仅16岁，又没有子嗣，受了丈夫的嘱托奉养婆婆28年，实为不失信，又尽职，实在难能可贵。如果没有陈孝妇，不知她婆婆以后的生活将会多么悲惨。

陈孝妇信守诺言，侍奉婆婆，耽误了大好年华和青春时光，就是为了实现对丈夫的诺言，这没有多少人能做得到！

■史海撷英

汉景帝驾崩

汉景帝后元三年（公元前141年）正月，景帝刘启患病。由于病势日趋严重，景帝自知时日不多，临终前便对太子刘彻说："人不患其不知，患其为诈也；不患其不勇，患其为暴也。"告诫儿子不但要知人、知己，还要知机、知止。景帝似乎已经感到儿子有许多异于自己的品质，把天下交给他是放心的，路还是让他自己走吧，多嘱咐也无益。不久，景帝病逝于长安未央宫，享年48岁，葬于阳陵（今陕西省咸阳市渭城区正阳乡张家湾村北），谥号孝景皇帝。太子刘彻即皇帝位，即汉武帝。

■文苑拾萃

徭 役

中国古代统治者强迫平民从事的无偿劳动，包括力役、杂役、军役等。徭役始于先秦，《诗经》《春秋》中已有许多有关记载。《周礼》规定各级地方官有征民服役的职责。战国时，征伐频繁，军役繁重。秦统一中国后，修阿房、建骊山、筑长城，徭役十分苛重，终有陈胜、吴广起义。汉承秦制，有更役、正卒、戍卒等，并可纳钱代役称更赋，徭役集中于平民身上。魏晋以降，徭役无一定制度，为避赋役，民户逃亡现象严重。

唐初行租庸调法，实行府兵制，徭役有所减轻。但中期以后，服役又再次增加，民户再次大量逃亡。宋代，徭役负担仍十分繁重，并出现了募役（雇人服役）、助役（津贴应役者）、义役（买田以供役者）等形式。元代行"科差"，并有各项杂役。明代实行"一条鞭法"，将赋役合并为征银两，但各地实行情况不一。清代摊丁入地，继承了"一条鞭法"的原则，由传统的以家资列户派役向财产税转化。

江革背母逃难感盗贼

江革（？—535），字休映，济阳考城人。幼而敏聪，早有才思，6岁便能写文章。16岁丧母，以孝敬闻名，初仕南齐。入梁为御史中丞，弹奏权豪，一无所避。后随豫章王镇彭城，及失守，为魏人所执，厚相接待。革称脚疾不拜，遂放还累迁度支尚书。

东汉初年，王莽篡位，新朝的政治腐败，导致战争频繁，天下大乱。当时，临淄有个人名叫江革，他从小失去了父亲，与母亲两人相依为命。

那时各地战乱不断，盗贼四起。盗贼不仅抢财物，还常常把男子抓去，逼着他们入伙。江革为了避乱，干脆背上母亲弃家出走逃难。母亲年迈，腿脚不方便，为了尽量减少母亲的颠沛流离之苦，江革整天背着母亲奔波。

俗话说："在家千日好，出门一时难。"江革背着母亲一路上风餐露宿，还要躲避盗贼。长途跋涉，一般人宁愿少带行李，以避免路途上的辛苦，而江革的母亲虽然年老身体较轻，但走一段长路之后，江革往往还是累得满头大汗。母亲心疼儿子，要下来自己走，江革却说："孩儿背着母亲，就像回到小时候一样，感觉到母亲的温暖。孩儿心里很欢欣，感觉自己很有福，可以随时侍奉母亲，所以就会越走越有力气。"

走着走着，母亲渴了，江革马上到处讨水给母亲喝；母亲饿了，他竭尽所能为母亲准备可口的食物；天色将晚，他想方设法找住处，使母亲能踏实地安歇。在仓皇逃难的人群中，江革时刻想到的是母亲的安全，全然忘记了自己的饥饿和疲劳。

在逃难的路上，许多人见到江革都肃然起敬，但也有少数人对他不理解。因为在那样艰难的境况中，一个人连逃生都很难，更何况背负着白发苍苍的高堂老母。无论是称赞还是讥讽，江革都淡然处之。在他看来，一个人活在世上的头等大事就是孝顺父母，别人的评价无足轻重，不用放在心上。

逃难的路上，江革多次遇到盗贼，想要把江革劫去。每当面临这种情形，江革便会在盗贼面前苦苦哀求，痛哭流涕，对盗贼讲："我从小失去父亲，孤苦伶仃，是母亲含辛茹苦把我拉扯成人。如果没有母亲，哪会有今日的我？如果我随大王去了，留下孤零零的老母亲，兵荒马乱，举目无亲，母亲如何保全生命？如何度过余生？恳请大王念我有老母在，没有人奉养，放过我们吧。"

盗贼见江革如此诚心诚意地哀求，无不被他的孝心所感动，所以也不忍心把他劫走，更不忍杀了他。就这样，江革屡次感动盗贼，化险为夷。可见人之初，性本善，天下无不可感化之人，沦为盗贼也不是他们的本性，都是因为一时之乱，为环境所迫。如果能够唤醒他们本性里的孝顺，盗贼也会洗心革面，重新做人。

后来战乱被平息之后，江革又背着母亲千里迢迢来到江苏省下邳县，在那里居住下来。在举目无亲的异乡，江革非常贫穷，也没有钱买衣服鞋子穿。他就赤着脚给别人当佣人，赚取微薄的收入来维持生活。

即使赚的钱很少，江革还是省吃俭用，把最好的物品留下来奉养母亲。母亲需要用的、想要吃的、想要穿的，江革尽最大的努力，没有一样不替母亲办到。江革所做就如《孝经》所言，用天之道，分地之利，谨身节用，以养父母。

后来，江革的母亲去世了，他非常悲痛，在庐墓之间大声哭泣，就像找不到父母而无依无靠的孩子一样。他的哀恸超过一般的常人，感动了邻里之人。整整三年，江革都结庐住在母亲的坟旁。因为思念母亲，他连晚上睡觉的时候也不愿把孝服脱去。

三年的服丧期满，他还不忍脱去孝服，感动了地方的父母官，地方官就派人去安慰他，还举荐他做了孝廉。但是江革淡泊名利，屡屡拒绝做官的机会，后来皇帝还聘他为谏议大夫。谏议大夫做了不久，他就辞官了。

皇帝非常赞赏江革的为人，最后指派朝廷一定要年年慰问江革。虽然江革已辞官，朝廷还是给他发俸禄，供给他的生活，因为江革的孝行足以成为天下的楷模。可见一个人能行孝，他的影响所及有多广、多深、多远。

■故事感悟

孝子忠臣可以像日月一样永恒地照耀世间。江革在那么艰苦的环境当中还能时刻想着孝敬母亲，由此可见，环境的好坏并不能影响孝心。只要我们有一颗真诚感恩的心，任何环境我们都可以做到孝亲、敬亲。

■史海撷英

王莽改制

王莽改制是新朝皇帝王莽为缓和西汉末年日益加剧的社会矛盾而采

取的一系列新的措施，包括土地改革、币制改革、商业改革和官名县名改革。但王莽的改制不仅未能挽救西汉末年的社会危机，反而使各种矛盾进一步激化，终于导致了赤眉绿林为主的农民大起义，新朝遂告灭亡。

■文苑拾萃

谏议大夫

谏议大夫为官名。秦代置谏议大夫之官，专掌论议。为郎中令之属官，掌论议，有数十人之多。汉初不置。元狩五年（公元前118年）初置，属光禄勋（郎中令改名）。东汉改称谏议大夫，仍属光禄勋，秩600石。三国魏沿置，晋朝罢。南朝梁、陈亦置。北魏置，隶属集书省，掌谏诤议论，从四品，北齐沿置。隋初隶属门下省，从四品。炀帝大业三年（607年）废。唐初复置，正五品上。

蔡顺拾桑葚供母

　　王莽（公元前45—前23），字巨君，汉元帝皇后之侄。新朝建立者，公元9年至23年在位。他是魏郡元城（今河北大名县东）人，祖居东平陵（今山东济南），汉族。西汉哀帝自元寿二年六月（公元前1年）去世后，9岁的汉平帝即位，元后临朝称制，以王莽为辅政大臣，出任大司马，封"安汉公"。至公元9年元旦，王莽篡位称帝，登基成为一朝开国君主，改国号为"新"，年号"始建国"。公元23年，赤眉绿林军攻入长安，王莽被杀。

　　东汉末年，王莽篡权，社会秩序混乱，庄稼逢荒减收，百姓生活困苦。加上盗贼蜂起，出没不定，四处搜刮粮食和财物，百姓痛苦不堪。

　　出身贫苦的蔡顺很小就失去了父亲，和母亲相依为命。虽然年纪还小，他却十分孝顺懂事，即使在食不果腹的境况下，也想办法找到一些可以充饥的食物，尽心奉养母亲。夏天，树上的桑椹熟了，蔡顺就去采拾桑椹回来给母亲吃。每次去的时候，他都会拎两个篮子。

　　一天，蔡顺在回家的路上不幸与一伙儿强盗相遇。强盗们拦住了蔡顺的去路，本想可以搜点财物，没想到除了篮子里的桑椹外，其他一无所获。强盗们正要找蔡顺出气，突然一个强盗发现蔡顺拿了两个篮子，他好奇地瞧了一会儿，然后问蔡顺道："你采的桑椹也不多，为什么要用两个篮子，还将黑色的和红色的分开呢？"

蔡顺从容不迫地回答说："黑色是熟透的，味道很甜，是母亲最爱吃的。母亲身体不好，吃它可以充饥，又可以恢复体力。红色的没有熟透，比较酸，是留给自己的。"

蔡顺言辞恳切，面对强盗不仅一点儿也不害怕，神情更充满着对母亲的孝敬。他的脸上流露出对母亲的体贴与关心，使在场的强盗们都感到很意外。他们一时沉默无语，仔细思量，慢慢脸上也不再那么狰狞，态度也开始软化了。此时的蔡顺也感受到了强盗内心的强烈触动。在这颠沛流离的环境里，沦为强盗也非得已，任谁也会禁不住想起自己家中年迈的父母，他们有的缓缓地低下头来，有的甚至悄悄地抹去眼泪，于是强盗们决定放了蔡顺。

令人意外的是，这批强盗临走前竟然还拿出一些粮食和财物，要蔡顺拿回去孝敬母亲。然而，蔡顺深知"志士不饮盗泉之水"的道理，所以委婉地谢绝了强盗们的好意。强盗们见此更是汗颜不已，只好羞愧地离去。

■故事感悟

蔡顺用自己的孝行感动了强盗，可见中国的孝道多么深入人心。

■史海撷英

王莽新政

王莽当政后，颁布实施了"五均""赊贷""六筦"。所谓的"五均"，就是由国家来管理工商业和物价；而"赊贷"就是由官府向百姓发放贷款，但利息较少，丧葬和祭祀贷款则不收利息；国家将盐、铁、酒收回专卖，国家垄断铸钱，国家管理山林水泽，统称"六筦"。可是，他却向周围四夷开战以炫耀武力，朝令夕改，不算经济账，终使天下大乱。最终王莽这位开国之君也成了亡国之君，死于乱民之手。

第二篇

孝心感动天地

王裒雷雨泣墓

王裒(生卒年不详)，字伟元，城阳营陵(今山东昌乐)人。博学多能，隐居教授，三征七辟皆不就。善书。著有《晋书本传》《书史会要》。

三国的时候，魏国有一个叫王裒的人，非常孝顺。

王裒的父亲叫王仪，当时在朝廷为官。有一次，司马昭出兵激战，士兵死伤严重，所以司马昭就在上朝的时候询问底下的这些文武百官，要大家说说这次战役为什么会损失惨重。结果，没有人敢出来说话，唯独王仪勇敢地站出来，直陈道："这次战役的责任完全归于元帅。"大家都知道，元帅就是当时把持魏国朝政的司马昭。司马昭一听非常生气，一怒之下就把王仪拉出廷外问斩了。

王裒得知父亲如此冤屈而死，非常难过，因此他在司马炎代魏称帝建立晋朝后终身不再面向西坐，以表示不为晋朝之臣。王裒自幼饱读诗书，所以他的学问、品行非常好，朝廷也屡屡征召他出来为官，可王裒面对金钱名利的诱惑，都不为所动。

王裒对母亲百般孝顺，只要是母亲的事都会亲力亲为，体贴入微。

母亲过世后，他非常悲痛。母亲生前胆子小，最怕的就是打雷，所以每当遇到风雨交加、雷声隆隆的时候，王裒就会很伤心地跑到母亲的坟前，哀泣地说："孩儿就在此地，母亲不要害怕。"

王裒这么孝顺，所以每当他授课读到"哀哀父母，生我劬劳"时，都会潸然泪下，难过到没有办法教授学生。他的学生担心老师哀伤过度，所以就把《蓼莪》这一篇给废止了。

□故事感悟

王裒的孝心孝行可以作为后人孝敬父母的典范。父母从小把我们拉扯长大，辛苦地照顾我们，那么，趁着我们的父母还健在，一定要尽到孝道，好好地孝敬父母。如果父母已经不在，我们也应该经常怀念他们。

□史海撷英

西晋

西晋乃魏晋南北朝时期唯一处于统一的年代。由于魏晋以来世家大族在地方上长期割据，地位可比帝王（如司马氏篡曹魏正是），长期以来都令中国处于分裂割据的局面。在曹魏时期，世族受到一定的抑制，且晋武帝凭借其威望，又先后分封宗室郡国，并监督诸州和实行占田制、荫客制，稍微限制了世家大族的无限扩张。司马炎代魏后，认为魏之灭亡是由于宗室不强，导致权臣篡位，所以就改变了曹魏的中央集权制，学习西周大搞分封，希望司马氏的统治会因此而"历纪长久，本支百世"。但藩王拥兵割据，晋武帝一死，便暴发了八王之乱，失去了维系统一的重心，国家又再一次分裂。

司 马

　　司马是中央官名。西周始置，位次三公，与六卿相当。与司徒、司空、司士、司寇并称五官，掌军政和军赋。春秋、战国沿置。汉武帝时置大司马，作为大将军的加号，后亦加于骠骑将军。后汉单独设置，皆开府。隋唐以后为兵部尚书的别称。

　　汉武帝时定制，司马，主武也，掌管军事之职。大将军所属军队分为五部，各置司马一人领之。魏晋南北朝时，诸将军开府，府置司马一人，位次将军，掌本府军事，相当于后世的参谋长。宋制，司马铜印墨绶，绛朝服，武冠。至隋时废州府之任，不置司马，改置治中。

谢蔺思父不餐

谢安（320—385），字安石，祖籍陈郡阳夏（今河南太康）。祖父谢衡以儒学知名，官至国子祭酒；父亲谢裒，官至太常卿；从兄谢尚，官至散骑常侍。谢安出自名门世家，少年得到王羲之父亲、丞相王导的器重，担任了一些官职。后与王羲之等人友善，隐居东山，拒绝朝廷招用，流连山水，当时的士大夫歌唱他："安石不出，其如天下苍生何。"到他弟弟谢万被废黜，他40岁，这才出来担任吏部尚书等官职，把持朝政多年，直做到"都督十五州军事"，人们称呼他这是"东山再起"。

谢蔺，字希如，陈郡阳夏人，是东晋名臣谢安的后代。在他5岁的时候，有一天，他的父亲外出办事，很晚也没回家，他就跑到大门外坐在石头上张望；天黑了，已经伸手不见五指，父亲还是没有回来。家里人平常总是坐在一起吃饭，这时，谢蔺的母亲招呼他说："咱们先吃吧，不用再等你父亲了！"他摇了摇小脑袋认真地说："父亲没回来，我怎么能先吃呢？我一定要等父亲回来。"他一直坚持到深夜，父亲回来了才一起进餐。

这件事后来被他的舅舅阮孝绪听说了，十分感叹，高兴地说："这孩子在家里就像曾子一样孝顺，出去做官也一定会像蔺相如一样为国尽力。"于是就为他起了"蔺"的名字，希望他今后能像蔺相如一样有才干，又给他起了一个字叫"希如"。

后来，谢蔺家里请了先生教他读书写字，教他读经史典籍之书，他看过一遍就全都记住了。先生考他，没有一回能难住他。他舅舅称赞说："这孩子真是我们家的阳元啊！"

不久，他的父亲因病去世，谢蔺十分悲痛，常常偷偷地哭，时常粒米不进，身体日渐衰弱。母亲见他这个样子，就劝慰说："你不能总是这么伤心。你父亲死了，无论大家怎么哭，他也不知道，更不能活过来。要是你听父亲的话，就要好好读书，长大了才能有本事，才能帮我养活一家人。"听了母亲的话以后，他果然不再像过去那样常常哭泣了，却是常常夜伴孤灯，手不释卷，学业逐日精进。

由于谢蔺很有声望，当时的吏部尚书萧子显非常赏识他的孝行和才干，让他做了地方官。

■故事感悟

对我们来说，孝敬父母、回报父母，不一定要做一番惊天动地的大事业，只要像谢蔺那样，在平时多注意父母的喜怒哀乐，多关注他们的衣食住行，从一点一滴做起，就完全尽到了我们对父母的孝敬之心。

■史海撷英

陈郡沿革

秦置陈郡，或为陈国、淮阳国、淮阳郡，辖今豫东、豫南及安徽近30

个县市的广大地区,其中心地区在今河南省周口市一带。魏晋南北朝时,有籍贯为本地的士族陈郡谢氏最为知名。

东汉,光武帝建武元年(25年)置淮阳国,封更始帝刘玄为淮阳王,未几国除。建武十五年(39年)复置淮阳国。章帝章和二年(88年)改淮阳国为陈国。献帝建安二年陈国除为陈郡。

三国魏置陈郡,其管辖区域已限制在今河南的太康、西华、商水、淮阳、郸城、柘城等六个县的范围之内,其中太康魏晋时期称阳夏,是陈郡何氏的发祥地。自汉代至魏晋时期,陈郡何氏家族见于文献记载者仅有四代11人。该家族的奠基者是东汉末年的何夔。另三国时魏诗人曹植(192—232年)最后被封于此,故后人称之为"陈王"或"陈思王"。

西晋时陈郡并入梁国,北魏时陈郡设治项县(今河南沈丘一带)。隋开皇三年(583年)废。大业中置淮阳郡,治宛丘县(今淮阳县一带)。唐置陈州。

□文苑拾萃

吏部尚书

掌管全国官吏的任免、考课、升降、调动、封勋等事务,是吏部的最高长官,是中央六部尚书之首。唐、宋是正三品,明代是正二品,清代为从一品。通常称为天官、冢宰、太宰。吏部尚书相当于现在的中央组织部部长兼人事部部长。

王祥孝心感继母

王祥（184—268），字休征，西晋琅邪临沂（今山东临沂）人，历汉、魏、西晋三代。东汉末年隐居20年，仕晋官至太尉、太保。"书圣"王羲之五世祖王览的同父异母兄。王祥以孝著称，《二十四孝》有载传说：王祥，早丧母，继母朱氏不慈。父前数谮之，由是失爱于父母。尝欲食生鱼，时天寒冰冻，祥解衣卧冰求之。冰忽自解，双鲤跃出，持归供母。

王祥是汉末晋初人，魏晋时先后任太尉、太保等职。王祥以孝敬父母著称于世。父母有病，王祥不分昼夜，衣不解带，侍奉于床前；汤药煎好后，王祥用口吹凉，再亲自尝尝，然后毕恭毕敬送至父母床前，等待父母喝后才肯离去。

王祥生母薛氏因病过早去世，继母朱氏性情乖戾暴躁，心胸狭窄，一发脾气几天都不平息，背后屡次向王祥父亲告状，说王祥的坏话。王祥因此而失爱于父，经常受到父亲的斥责，以至怒骂。父亲每天都让王祥做各种繁重的家务活计，王祥虽年小体弱，却总是一声不响地干活，从无怨言。

王祥家庭院里有一棵李树，所结的李子味道鲜美，继母害怕邻人摘吃，就命令王祥在树下护守，白天不让鸟雀落树，夜里防备老鼠偷食。一天夜里，狂风骤起，下起瓢泼大雨，王祥抱住树干大哭，生怕李子坠落，一直守到天明，继母见状，心里有些过意不去。

　　王祥弟弟王览系继母朱氏所生，继母爱之如命。王览六七岁时，见母亲经常打骂王祥，就哭着用身体掩护哥哥，十几岁时就经常劝说母亲不要虐待哥哥，朱氏才有所收敛。但朱氏仍然寻衅无理刁难王祥，并苛待王祥妻子，王祥的妻子侍候朱氏却一如既往地孝顺。

　　一天夜里，王祥在床上睡觉，朱氏蹑手蹑脚到床前举斧砍去，正赶上王祥起身，只砍坏被褥，她急忙逃走了。王祥知道是继母所为，就赶到继母前，跪下请死，朱氏羞愧不已。

　　王祥父亲去世后，家庭重担落在王祥肩上，他每天起早贪黑操持家务。他为人厚道，品行端庄，见义勇为，誉满乡里。朱氏嫉恨在心，暗里将毒药放入酒里，使人送给王祥。弟弟王览知道底细，径起取酒。王祥也怀疑酒里有毒，争而不与，朱氏只好夺下酒逃跑了。从此，朱氏送给王祥的饭菜，王览都抢先尝尝。朱氏怕误毒王览，就不再往饭菜里下毒了。王览深受哥哥熏陶感染，"孝友恭恪，名亚于祥"，当时传为美谈。

　　王祥几十年如一日孝敬继母，有求必应，终于以孝心感动继母，母子感情逐渐融洽起来。

　　东汉末年，军阀混战，民不聊生，王祥扶母携弟避地庐江，在那里隐居了30余年，魏国多次征召，也不前往就职。王祥小心谨慎地孝敬继母，直至继母去世，丧葬完毕后，他已年近60岁，才去徐州任别驾，协助徐州刺史吕虔平乱，使"州界清净，政化大行"。时人歌之曰："海沂之康，实赖王祥，邦国不空，别驾之功。"

王祥在西晋任太保之职，位居三公，"高洁清素，家无余宅"，为政清廉，勤俭持家，病重遗令子孙丧事从简，"家人大小不须送丧"，当时传为佳话。

在人的一生中，并不是所有的人都会爱你、疼你，遭遇后母、继父虐待也是可能之事，最好的态度就是以德报怨。王祥用自己的行动感化了继母，我们也应以自己的行动让父母每天都感受到快乐。

西晋一统天下

263年，司马昭命将伐蜀，刘禅投降，蜀汉灭亡。不久司马昭去世，其子司马炎于265年篡位，曹魏灭亡。司马炎建立晋朝，是为晋武帝，定都洛阳，史称西晋。

当时孙吴局势混乱，吴帝孙皓不修内政又穷极奢侈，司马炎准备伐吴。279年，王濬、杜预上书司马炎，认为伐吴时机成熟，司马炎决定于该年12月进攻东吴，史称晋灭吴之战。晋军水陆并进，于280年逼近建业，孙皓投降，孙吴灭亡，全国重新大一统。

西晋统一天下后，社会经济有了显著的恢复和发展，主要在于晋武帝推行了一些积极的政策。西晋之初，天下初定，饱经战乱之苦的人民非常渴望安定的生活。晋武帝顺应民意，大力发展农业，颁行户调制，减免徭役，设立"常平仓"等。晋武帝在位的时期，也是西晋社会经济最好的时期。

太尉

中国秦汉时中央掌军事的最高官员，秦朝以"丞相""太尉""御史大夫"并为"三公"。后逐渐成为虚衔或加官。

太尉之名最早见于《吕氏春秋》，西汉武帝建元二年（公元前139年）后不再设置。西汉早期，设太尉官多半和军事无关，故带有虚位性质，不同于丞相、御史大夫等官职。武帝时以贵戚为太尉，一变过去由力战武功之臣充任太尉的惯例，而又和丞相同等，这也和西汉早期有所差别。光武帝建武二十七年（51年），将大司马改为太尉。东汉时期，以太尉、司徒、司空为三公，太尉管军事，司徒管民政，司空管监察，分别开府，置僚佐。后曹操撤销三公制，自任丞相。曹丕时期曾短暂恢复，后又撤销。自隋撤销府与僚佐，便渐次演化成优宠宰相、亲王、使相的加官、赠官。元不常置。明废。

秦族爱母留屋

西魏恭帝（537—557），拓跋廓，原名元廓，南北朝时期西魏皇帝，西魏文帝元宝炬四子。西魏恭帝于554年即位，去年号称元年，并且复姓拓跋。556年，他被迫禅位于宇文觉，西魏灭亡。次年被杀。

秦族是西魏上郡洛川人。秦族的祖父曾为颍州刺史，父亲曾任都城郡守，他们二人都是很有名望且具有卓越品性的人。他们一生都非常孝顺父母、忠于职守，都因为恪守孝道而受到治下百姓的尊敬和拥戴。他们同样没有忘记教育自己的子女遵守孝行，因此秦族在父亲的教诲和影响下，很小就知道孝敬父母了。

父亲在做郡守时，秦族才七八岁，平时由仆人看护、侍候，读书写字有先生陪伴，很少见到父母。更何况父亲公事繁杂，偶尔回家也顾不上看看他们兄弟几个，故而父子之间并不十分亲密。可秦族常在先生面前念叨父亲和母亲，先生为之所动，替秦族转达了对父母的问候。母亲听了以后十分高兴，常把他叫到身边，嘱咐他要好好读书，将来建功立业，为国为民。

　　秦族 11 岁时，父亲不幸病故。秦族同他的几个弟弟至哀至悲，常因想念父亲而痛哭。他们常到父亲的坟上拜祭，发誓一定尽心竭力奉养母亲，借以告慰父亲的亡灵。过路行人都为他们的孝行所感动，称赞他们是孝顺的孩子。

　　秦族 15 岁时，母亲也病倒了。因为父亲当年为官清正，家里积蓄极少，这时早已用光。为了养活全家，秦族和弟弟们上午读书、写字，下午随他一同干活。寒暑易节之时，秦族总是最后一个换上衣服，并且穿的也是最旧最破的衣服。吃饭的时候，他总是让母亲先吃，然后他们兄弟几个才吃，因为饭少菜也少，他生怕母亲吃不饱。尽管这样，秦族的母亲由于身体病弱，不久就病逝了。

　　为了表达对母亲的追思，秦族保存了母亲的居室，每每祭日都会进去祭奠，以表达怀念之情。乡里邻人敬服秦族，上书荐举，恭帝下令表彰他的孝行。

■故事感悟

　　父母抚养子女不辞辛苦，无私奉献，对子女的关爱无微不至，子女不应忘记。当父母年纪大了，特别是生病之时，正是子女尽孝的时候。如秦族这般感人至深的孝行，是我们学习的典范。

■史海撷英

西 魏

　　西魏（535—556 年），中国南北朝时期的一个地方性朝代。532 年，北魏宗室元修被高欢立为帝，即孝武帝。534 年，孝武帝与高欢决裂，高欢带兵从晋阳南下，北魏孝武帝元修被迫入关中投靠关陇军阀鲜卑人宇文泰。十二月，孝武帝被宇文泰毒杀。孝武帝死后，535年正月，宇文泰拥立北魏孝文帝的孙子南阳王元宝炬为帝，改元大统，与高欢所拥立的东魏对立，建都长安，政权实际上由宇文泰操控。551年3月，元宝炬死，长子元钦嗣位。554年，元钦被宇文泰所废，不久被毒死，元宝炬四子元廓即位，同年去年号称元年，并为了迎合宇文泰胡化运动而被迫改复姓拓跋。西魏恭帝三年（556年），宇文泰病死，由侄宇文护继承。557年，宇文护得将领支持，迫使西魏恭帝禅让，西魏灭亡。

□文苑拾萃

刺史

汉武帝元封五年（公元前106年）始置。"刺"，检核问事之意。秦每郡设御史，任监察之职，称监察院御史（监察御史）。汉初省，旋复置。文帝以御史多失职，命丞相另派人员出刺各地，不常置。武帝元封初，废诸郡监察御史。继之，分全国为十三部（州），各置部刺史一人，后通称刺史。刺史巡行郡县，以"六条"问事。然《汉官典职仪》于六条条文之下，又概括为"省察治状，黜陟能否，断治冤狱"，对地方政事，实无所不包。刺史秩600石，所察之对象则为2000石之太守。武帝之意，以为断进之士勇于任事，故用低级官监察高官。刺史可乘传奏事，总隶于御史中丞。成帝绥和元年（公元前8年），罢部刺史，置州牧，秩亦2000石。哀帝一度复旧制，不久又为州牧。

乞伏保孝敬继母

拓跋弘（454—476），南北朝时期北魏皇帝，文成帝拓跋濬长子。456年被立为太子，465年继位。他崇文重教，兴学轻赋，喜玄好佛。469年就将襁褓中的长子立为太子，皇兴五年（471年）传位于太子拓跋宏，自为太上皇，专心信佛。476年，由于杀了嫡母冯太后宠爱的大臣，被对方毒死，时年23岁。

乞伏保，北魏献文帝时高车部（敕勒族）人。他的父亲乞居曾做过散骑常侍，后封为宁国侯。乞伏保的生母死得很早，由献文帝赐给他父亲的宫女申氏作为继母来抚养他。

继母申氏性情古怪，动不动就斥责别人。由于她出身宫女，极少接触小孩，所以对乞伏保十分苛刻，根本没有一点母亲的温情。乞伏保在她面前常常吓得两腿哆嗦，继母就骂他没有小侯爷的派头；乞伏保站直了，她又骂乞伏保对她不恭敬。乞伏保写字、读书，她在旁边评头品足，时而拿起笔管敲伏保的脑门，诸如此类，不一而足。乞伏保却对继母毫无怨言，从来也没顶撞过一句。继母申氏以为乞伏保怕她，所以更是变本加厉，越发苛刻。继母还常常让乞伏保顶替仆人去干很重的活，而且打骂从不间断。父亲曾责问过申氏，可因为申氏是皇上赐给他的，他也拿申氏没办法。

乞伏保知道后怕父亲为难，就跟父亲说："继母对我很好，没有她我怎么会长大成人呢？怎么会知道要尊敬长辈、要勤奋、要能吃苦呢？"父亲内心感到很安慰。为了不让父亲分心，为了家庭的和睦，乞伏保也更加尊敬继母。

乞伏保长大以后，继承了父亲的官位，每次得了俸禄或赏赐，都一文不少地交给继母。晚归时，无论公事、私事也都原原本本地告诉继母。继母年岁大了，性情也更加古怪专横，听不进别人的话。后来，乞伏保出任大将军，因为住所离家太远，只好请继母跟他一起到住所居住，80多岁的申氏说什么也不答应。乞伏保以真情相劝，继母才勉强答应了。乞伏保亲自扶她上车，又怕她在车上受到惊动，一路上用手紧紧地扶着车辕，步行到住所。继母申氏高高兴兴地在乞伏保的住所住了3年后去世。

■故事感悟

孝道是中华文明的核心，是德行教育的根基所在。乞伏保真心对待继母的故事不仅孝行感人，也启发我们学习他敬母的品德。无论是生母还是继母，都是"母"，我们都应以真诚、真心相待。

■史海撷英

北魏的兴起

鲜卑族拓跋部，原来居住于今黑龙江、嫩江流域大兴安岭附近，过着游牧生活。东汉以前，北匈奴被打败西迁后，拓跋部在酋长拓跋诘汾的率领下，也逐步向西迁移，进入原来北匈奴驻地，即漠北地区。到酋长拓跋力微时期，拓跋部又南下游牧于云中（今内蒙古托克托）一带，后又迁居到盛乐（今内蒙古和林格尔），与曹魏、西晋发生往来。但这时，拓跋部仍处于氏族部落联盟阶段。公元338年，首领什翼犍建立代政权，建都于盛乐（今内蒙古和林格尔），逐渐强大起来。

公元376年，前秦王苻坚攻代，什翼犍战死，代灭。

淝水之战后，前秦统治瓦解。公元386年，鲜卑拓跋珪（什翼犍之孙）恢复了代政权，后改国号为魏，史称"北魏"或者"后魏"（三国魏之后的魏）、拓跋魏（拓跋氏所建的魏）。493年，拓跋宏迁都洛阳并改姓"元"后，也称元魏。

□文苑拾萃

散骑常侍

散骑常侍是官名。汉有散骑，为皇帝侍从，又有中常侍，性质同。东汉省散骑，改以宦官任中常侍。魏文帝并散骑与中常侍为一官，如称散骑常侍，以士人任职。入则规谏过失，备皇帝顾问，出则骑马散从。资深者称祭酒散骑常侍。魏末增加员额，新增者为员外散骑常侍。晋武帝令员外散骑常侍二人，与散骑常侍共同轮流值班，称通直散骑常侍。魏、晋散骑常侍与侍中共平尚书奏事，多是显职。散骑常侍本隶门下，南北朝属集书省。梁曾另设散骑省，旋省。隋属门下省。唐太宗曾以散骑常侍为散官，旋省去，去复置为职事官。高宗显庆二年（657年），分为左右。左散骑常侍二人，正三品下，属门下省；右散骑常侍二人，属中书省。职掌同为规谏过失，侍从顾问，并无实权，而为尊贵之官，常作为将相大臣的加官。宋不常置。辽属门下省。金、元不设。

散骑常侍在曹魏时职能与东汉的中常侍职能相近，都是高才英儒担任，接替了西汉时期尚书直接接受皇帝诏书执行临时任务的权限，与东汉中常侍负责诏狱相仿。

朱寿昌弃官寻母

宋太宗赵炅（939—997），汉族，本名赵匡义，后因避其兄宋太祖讳改名赵光义，即位后改名炅。父亲赵弘殷，追赠宣祖，母亲杜太后。在其兄弟中，除去早夭者，太宗排行居中，比太祖小12岁，比秦王赵廷美大8岁。太祖驾崩后，38岁的赵光义登基为帝，在位共21年（976—997年），至道三年去世，庙号太宗。

朱寿昌是宋朝时的人。他7岁时，生母因为遭嫡母嫉妒，被赶出家门另嫁他人，从此寿昌就和生母分离了。

寿昌从小就失去了母爱，当他看到别的小朋友都有母亲在身边，天天嘘寒问暖、疼爱有加时，就非常思念自己的母亲。每到初冬，其他小朋友的母亲早早地为自己的孩子做好棉衣，寿昌却没有这样的待遇；当其他小朋友心中有了委屈，可以依偎在母亲怀里撒娇时，寿昌却不能。试想一下，没有母亲的孩子是多么盼望能像别人一样，可以经常依偎在母亲的怀抱里呀！

寿昌就在这样的环境中长大的。他一直努力读书，后来当了官，虽然生活很富足，可天下哪有不思念父母的儿子呢？所以他一直明察暗访，希望能找到自己的母亲。

50多年里，寿昌几乎夜以继日地思念、惦记着远方的母亲，每每言及母亲就泣不成声。可是寿昌屡次多方打听，都没有得到母亲的下落。

后来到了神宗时期，寿昌感觉自己年纪已经大了，不能把母亲奉养在旁，心里非常遗憾。可茫茫人海，去哪里寻找母亲？可再不找到母亲，怕是没有机会了，所以他毅然辞去官职，亲自外出去寻找母亲。

寿昌此时已经年纪大了，家里人不放心他，都来劝阻。可是寿昌坚决地对家人说："如果不见到母亲，就永远都不回来。"他来到秦这个地方，也就是现在陕西省寻母。他的心非常坚定，一定要找到母亲，与自己共享天年。

寿昌一人在外，人生地不熟，遇到很多险阻，非常艰辛，可困难丝毫没有动摇他寻母的念头。相反，他想到和母亲分别50多年都不能团聚，就更加深了寻母的信念。

终于在同州这个地方，奇迹出现了。就在这里，他辗转得知母亲的下落。这个时候母亲已经70多岁了，但依然健在。分别50多年，母子相聚，两人相拥在一起！母子俩骨肉团聚的心愿终于实现了。寿昌非常高兴，把母亲迎回家里同住，很是孝顺，全家过着幸福的生活。

□ 故事感悟

朱寿昌与母亲分离长达50多年，在如此漫长的岁月中，他能始终保持对母亲的孝思不变，实为赤诚孝心的真情流露。到最后，朱寿昌靠着坚定的寻母誓愿毅然辞官，不畏艰辛地找寻，终与母亲团圆，并尽孝道。

与朱寿昌相比，我们这些为人子女者，能有服侍孝养父母的机会是何等的幸运！把握住在父母身边的日子，用心尽孝，莫让"子欲养而亲不待"的痛苦和悔恨啃噬心灵。

■史海撷英

宋　朝

宋朝（960—1279年）是中国历史上承五代十国、下启元朝的时代。根据首都及疆域的变迁，可再分为北宋与南宋，合称两宋。宋朝开国为了避免唐代末朝以来藩镇割据和宦官乱政的弊端，采取了重文轻武的施政方针，一方面加强中央集权，一方面在军事上不断积弱。1127年，徽、钦二帝被金人掳去，迫使宋室南迁。1276年，忽必烈破宋都临安。1279年，南宋于崖山亡国。

宋朝同时也是中国历史上经济与文化教育最繁荣的朝代之一，儒学复兴，社会上弥漫着尊师重教之气，科技发展亦突飞猛进，政治也较开明廉洁。终宋一代，都没有严重的宦官乱政和地方割据，兵变、民乱次数与规模在中国历史上也相对较少。著名史学家陈寅恪言："华夏民族之文化，历数千载之演进，造极于赵宋之世。"而西方与日本史学家认为宋朝是中国历史上文艺复兴与经济革命的典型时期。宋朝经济文化的发展是规模空前的，农业、手工业、制瓷业、造船业等都十分繁荣。

■文苑拾萃

宋朝瓷器

宋朝瓷器从胎釉上看分为两种。北方窑系的瓷胎以灰或浅灰色为主，釉色却各有千秋。例如钧窑釉，喻为海棠红、玫瑰紫，灿如晚霞，变化无穷，如行云流水；汝窑釉含蓄莹润，积堆如凝脂；磁州窑烧出的则是油滴、鹧鸪斑、玳瑁等神奇的结晶釉。南方窑系的胎质则以白或浅灰白居多，景德镇窑的青白瓷色质如玉、碧如湖水；龙泉窑青瓷翠绿莹亮如梅子青青；哥窑的青瓷器釉面开出断纹，如丝成网，美哉天成，是一种独特的缺陷美；还有定窑瓷，其图案工整，严谨清晰的印花让人叹为观止；耀州窑瓷，其犀利潇洒的刻花给人们以流动的韵律美。宋瓷追求釉色之美、釉质之美，宋人在制瓷工艺上达到了一个新的美学境界。

欧阳修不忘母训

欧阳修（1007—1072），字永叔，世称欧阳文忠公，汉族，吉安永丰（今属江西）人，因吉州原属庐陵郡，自称庐陵人，出生于绵州（今四川绵阳）。他是北宋时期政治家、文学家、史学家和诗人，与韩愈、柳宗元、王安石、苏洵、苏轼、苏辙、曾巩合称为"唐宋八大家"。仁宗时，累擢知制诰、翰林学士；英宗时，官至枢密副使、参知政事；神宗朝，迁兵部尚书，以太子少师致仕。其于政治和文学方面都主张革新，既是范仲淹庆历新政的支持者，也是北宋诗文革新运动的领导者。

欧阳修在4岁时父亲就死了，母亲郑氏是个很有志气的人，亲自教儿子学习。当时家里很穷，买不起纸笔，郑氏便折芦苇草棍做笔，在地上教儿子写字。

欧阳修小时候很聪明，也很听母亲的话。母亲教他读书，他总是聚精会神，听一两遍就能背诵下来。他学习很努力，一次，他得到韩愈的文稿，就手不释卷、废寝忘食地学习。20岁时，欧阳修的文章就已经很有名气了。

欧阳修反对宋初五代留下来的浮靡文风，成为北宋古文运动的首领。他性情耿直，见义勇为。庆历三年（1043年）任谏官，以正直敢言得到皇帝重视，面赐五品服，但也因为正直敢言而多次被贬谪。

欧阳修对母亲十分孝顺，对母亲的教导更是从未忘记。一次，母亲告诉他说："你父亲活着的时候当法官，经常在晚上点着蜡烛批阅文书，多次放下笔叹息。我问他为什么，他说：'这是个判死刑的案子，我多方考虑，想让他活，可是没办法啊！'我说让死者活，你有办法吗？他说：'我是想尽办法让死者活呀，达不到目的，那么死者和我也都没什么遗憾了。我常常想着让死者活下来，还有时置人于死地；可是现在有些人常常吹毛求疵，唯恐犯人不死啊！'他平常多次教诲他的弟子，常说这些话，我都听得耳熟了。"

欧阳修一边听母亲讲，一边记下来放在衣袋里。后来自己遇到这样的事，就想起母亲的话，不敢有半点疏忽。

欧阳修一生为政清廉、为人耿直、为事严谨，文传后世，这和他牢记母亲的教导，按母亲的教诲去学习、去为人处世是分不开的。

■故事感悟

父母亲从小对我们的谆谆教诲都是我们人生的宝贵财富，他们用自己总结出来的人生经验来教导我们，为的就是让我们少走弯路，避免误入歧途。或许父母的想法与我们自己的想法相悖，但我们也要认真思考，做事三思后行。要记住，父母的教诲是最无私的！

■史海撷英

庆历新政

庆历新政是北宋仁宗庆历年间进行的改革。宋仁宗时，官僚队伍庞大，行政效率低下，人民生活困苦，辽和西夏还威胁着北方和西北边疆。庆历三年（1043年），范仲淹、富弼、韩琦同时执政，欧阳修、蔡襄、王素、余靖同为谏官，宋仁宗责成他们在政治上有所更张以"兴致太平"。范仲淹与富弼提出明黜陟、抑侥幸、精贡举、择官长、均公田、厚农桑、修武备、减徭役、覃恩信、重命令等十项以整顿吏治为中心的改革主张，欧阳修等人也纷纷上疏言事。宋仁宗采纳了大部分意见，施行新政，诏中书、枢密院同选诸路转运使和提点刑狱；规定官员必须按时考核政绩，以其政绩好坏分别升降。更荫补法，规定除长子外，其余子孙须年满15岁、弟侄年满20岁才得恩荫，而恩荫出身必须经过一定的考试，才得补官。庆历四年三月，更定科举法。另外，还颁布减徭役、废并县、减役人等诏令。但由于新政触犯了贵族官僚的利益，因而遭到他们的阻挠。庆历五年初，范仲淹、韩琦、富弼、欧阳修等人相继被排斥出朝廷，各项改革也陆续被废止。

■文苑拾萃

唐宋八大家

　　唐宋八大家是唐宋时期八大散文家的合称，即唐代的韩愈、柳宗元和宋代的苏轼、苏洵、苏辙（苏洵是苏轼和苏辙的父亲，苏轼是苏辙的哥哥。苏轼、苏洵、苏辙三人称为"三苏"）、欧阳修、王安石、曾巩（曾拜欧阳修为师）。分为唐两家和宋六家。

张履祥听从母教

　　张履祥(1611—1674)，字考夫，号念芝、杨园，浙江桐乡人，世居清风乡炉镇杨园村(今属桐乡市龙翔街道杨园村)，故学者称杨园先生。明末清初著名理学家，清初朱子学的倡导者，同时对农学有较深入的研究，著有《经正录》《愿学记》《问目》《备忘录》《初学备忘》《训子语》《言行见闻录》《近鉴》《读易笔记》等。后人辑为《杨园先生全集》54卷(《四库全书》存目)。《清史稿》有传。

　　清初有位著名的学者张履祥，他7岁时父亲就去世了，从此与母亲相依为命。父亲在世的时候，对他要求很严格，对他的学习抓得很紧。在父亲的严厉督促下，张履祥学习进步很快，很小的年纪就学会了《四书》。可是父亲去世以后，张履祥的学习就松懈下来了，开始时每天还翻翻书本，渐渐连书本也懒得翻了，整天只知贪玩，与邻居小朋友打闹。

　　他的母亲很慈祥，看到这种情况也舍不得打他、骂他，只是整天愁眉不展。一天晚上，张履祥发现母亲又是眉头紧锁、愁容满面，满腹心事的样子，就问母亲为什么不高兴？母亲叹了口气说："我发现自从你父亲去世后，你越来越不爱学习了。我听说孔子与孟子都是很小的时候父亲就去世了，可因为他们自己有志气，学习用不着督促，所以最后成了万世师表，名垂青史。你父亲虽然去世了，可他生前已经教会了你识字读书，你为什么不继续努力，刻苦钻研，将来成为国家的有用人才，为父母争口气呢？"说着，母亲伤心地流下了眼泪。张履祥见母亲很悲伤，十分懊悔，于是向母亲保证，今后再也不贪玩了。

从此，张履祥像变了一个人似的，开始夜以继日、废寝忘食地读书学习，进步很快。后来他成了当时著名学者刘宗周的学生，在刘宗周那儿研读四书五经。之后他又涉猎百家，博通经史，著书立说，最后终于成为一名很有名望的学者。

■故事感悟

张履祥小小年纪听从母教，改掉了贪玩爱闹的毛病，从此之后废寝忘食地认真学习，终于成就了一番事业。这个故事告诉我们广大青少年，应趁着年少多多吸收文化知识，遵从父母正确的教导，力争成为对社会有贡献的栋梁之才。

■史海撷英

清朝的建立

清朝（1636—1911年，一说1616年建立，1644年起为全国性政权），又称大清，简称清，是中国历史上最后一个封建王朝，也是中国历史上第二个由少数民族（满族）建立并统治全国的封建王朝。

1616年（明万历四十四年，后金天命元年），清太祖努尔哈赤建国称汗，国号大金，史称"后金"。1636年（明崇祯九年，清崇德元年），清太宗皇太极称帝，改国号为"大清"。1644年（明崇祯十七年，清顺治元年），李自成的大顺军攻占北京，明朝灭亡。驻守山海关的明将吴三桂降清，清摄政王多尔衮指挥清军入关，打败大顺农民军。同年，清顺治帝迁都北京，从此清朝取代明朝。入关后20年时间里，清朝先后消灭大顺、大西和南明等政权，基本统一全国。

■文苑拾萃

清朝疆域

1759年（乾隆二十四年）清朝统一全国后的疆域是：北起蒙古唐努乌梁海地区及西伯利亚；南至南海，包括"千里石塘""万里长沙""曾母暗沙"（即今西沙群岛、南沙群岛等南海岛礁）；西南达西藏的达旺地区、云南省的南坎、江心坡地区及缅甸北部；西尽咸海与葱岭地区，包括今新疆以及中亚巴尔喀什湖；东北抵外兴安岭，包括库页岛；东南包括台湾、澎湖列岛。极盛时总面积达1300万平方公里。

除此之外，许多周边国家都成为清朝的藩属国。在盛清之时的藩属有：东边的李氏朝鲜、琉球，中南半岛有安南、南掌（老挝）、暹罗（泰国）、缅甸，西南有廓尔喀（尼泊尔）、哲孟雄（锡金）、不丹，中亚和西亚有浩罕、哈萨克、布鲁特、布哈尔、山克、爱乌罕（阿富汗）以及南洋的兰芳共和国等。

方氏兄弟千里探亲

方观承（1698—1768），字宜田，号问亭，清朝安徽桐城人。雍正时为平郡王记室，乾隆七年（1742年）授直隶清河道（辖区在今内蒙古太仆寺旗一带），官至直隶总督、太子太保。督直隶20年，皆掌治水，前后奏上治河方略数十疏，并邀请著名学者赵一清、戴震编辑了《直隶河渠书》130余卷。此书对后世直隶辖区河渠的治理工程颇有裨益。除此以外，方氏对经学、文史等方面也多有探索和研究，曾与进士出身的秦蕙田同撰了《五礼通考》一书，内容除吉、凶、宾、军、嘉五礼外，还涉及天文、地理、算法、乐律诸方面的知识，并自著有《述本堂诗集》《宜田汇稿》《问亭集》等书。

清朝乾隆年间，安徽桐城出了一位名叫方观承的名士。方观承当过直隶总督，他为官清正，替百姓做好事，为治理黄河做出了很大贡献。

方观承小时候，他的祖父方登峰曾经当过朝廷里的工部主事，他的父亲方式济也考取过进士，当过内阁的中书。

没想到，有一年，祖父的朋友戴名世写了一本叫《南山集》的书，被朝廷看成是有反叛思想的禁书，方观承的祖父和父亲都被牵连进去。

方观承的祖父和父亲官做不成了，家里的财产也被没收，还被抓起来流放到黑龙江。

　　这时，方观承和他的哥哥年龄很小，罪犯家庭的子弟没人收留。一时间，门庭冷落，亲友们都装作不认识他们哥儿俩，与他们断绝了来往。

　　幸好，父亲和祖父做官时与清凉山寺里的和尚是好朋友。和尚见兄弟俩可怜，就收留了他们。每天，兄弟俩只能吃点施主给和尚们的饭菜过日子，生活苦极了。

　　方观承哥俩过着这样艰苦的日子，但仍然惦记着被流放北国的父亲和祖父。

　　一天，方观承与哥哥找到老和尚。"长老，我们想到北国去看望父亲和祖父，二老在那里受苦，我们放心不下。"

　　老和尚十分感动，但看到两个孩子还小，就劝阻说："路途遥远，我又无力给你们凑那么多路费，怎么去呢？"方观承说："我们都有两条腿，可以走着去！""那可远得很呐！"老和尚说，"还是等你们大点了再去吧！"方观承说："父亲和祖父天天在北国受苦，我们一天也等不下去了！"

　　长老无法，只好给方观承弟兄俩凑了一点钱作为路费。弟兄俩辞别了老和尚，离开清凉山，上路了。途中，尽管方观承和哥哥省吃俭用，还是很快把钱用光了。但哥俩并未因此却步，依然艰难北行，饿了，就去敲沿途人家的大门，舍着脸跟住家要口饭吃。本来，他俩是当官人家的子弟，跟人家要饭吃，总是难以开口的，但肚子饿极了，也只能壮着胆子对住家讲了实情。若碰到好人家，见他们可怜，又是去北方探亲，被他们这种孝顺长辈的精神所感动，就送给他们一些吃的。有时碰到凶狠的人家，不但不给吃的，还唆使恶狗咬人。兄弟俩只好互相保护着逃到村外。饿得两眼昏花时，他们只好在庄稼地里随便挖点东西充饥。

几千里征程，哥俩儿走得脚上磨出了血泡，血泡又变成了老茧。经过艰难跋涉，他们终于来到北国军营，找到了在这里服役的祖父和父亲。亲人们相见，抱头痛哭。祖父和父亲万万没有想到两个孩子会来看望他们，内心得到极大的安慰。以后，他们兄弟俩每年都到北国去探望亲人。

方观承和哥哥千里探亲的故事后来被传为佳话。

■ 故事感悟

"万事孝为先"的古训，充分说明了传统孝文化早就把孝敬父母放在了优先的位置。方观承和哥哥千里寻亲的感人故事深深地影响了我们当代人，让我们明白孝敬是不能等待的。

■ 史海撷英

清朝始衰

清朝从乾隆末年开始出现衰落的现象，政治也日渐腐败。此后的嘉庆帝和道光帝也失去了早期君主锐意进取的精神，掌政风格日趋保守和僵化。官场中，结党营私，相互倾轧，卖官鬻爵，贿赂成风；军队里，装备陈旧，操练不勤，营务废弛，纪律败坏；财政上，国库日益亏空，入不敷出。阶级矛盾激化，相继爆发了白莲教和天理教等农民起义。

第三篇
善待爱亲从小做起

郯子扮鹿取奶

郯子（生卒年不详），己姓，子爵。据传为春秋时期郯国国君。约公元前11世纪，少昊（姓己，名挚，字青阳，建都穷桑，故号为穷桑氏，也称金天氏）后裔中的炎族首领就封于炎地，称炎国。春秋前后，国名多加"邑"字，从而炎国演化为郯国。

郯子，春秋时期鲁国人。历史文献中有关他的记载已经无法考证，但有一点可以确定，就是郯子从小就十分孝顺双亲。他时时想到父母生活的不便，时刻体恤父母的艰辛，是一个真正至孝之人。郯子的孝顺，也给双亲的生活带来了无尽的快乐和安慰。

日子一年年地过去，郯子逐渐长大成人。同时，父母也在渐渐变老，两鬓变白。俗话说，人生的四大苦事莫过于生老病死。虽然是苦事，可又有哪一个人能够逃避得了呢？郯子深谙人生的苦短，也越发感觉到父母一生的不易，从而倍加珍惜与父母相处的每一时刻。

但不幸的是，两位老人都害了眼病，几乎到了失明的地步。内心的苦闷，令双亲陷入绝望之中。父母终日忧叹，加深了他们脸上的皱纹。孝顺的郯子看在眼里，痛在心上，难道生养了自己的父母注定要在黑暗中度过余生吗？有什么办法能让父母的眼睛好起来呢？郯子平日一边安慰父母，一边四处寻医问药。他要想尽一切办法解除父母的痛苦，让二老重见光明。

在郯子的精心照顾下，双亲的心情恢复了不少，家里也出现了久违的欢笑声。一天，他们对郯子讲，常听别人说鹿乳可以治眼病，所以自己也很想试试到底能不能见效。郯子听后，记在心里。他一面让父母放心，一面盘算如何才能获得鹿乳。母鹿是不会轻易让别人采集乳汁的，郯子就决定乔装改扮，披上鹿皮，扮成一只小鹿，钻进深山寻找鹿乳。由于郯子的装扮非常逼真，还仿照小鹿的姿势和动作，所以当他进入到鹿群栖息的地方后，并没惊动鹿群，也没有引起母鹿的怀疑。终于，他小心翼翼地取到了鹿乳。

内心的喜悦令郯子忘记脱去身上的装束，他一心想着双亲能尽快吃到鹿乳，于是手捧鹿乳疾步返回。但是，途中恰遇猎户，郯子逼真的装扮迷惑了猎人的眼睛。看到"猎物"，猎人举箭就要射，这时郯子赶忙停下，站直身子，喊道："请不要射我，我不是鹿。"猎人这才看清是一个人。他们很惊讶，上前问道："你怎么一个人在这里，还扮成这个样子？"郯子解释说："家中父母双眼失明，听说鹿乳可以救治，我特意来这里找些回去。刚才的装束让你们误会了，这是我的错，让你们险些误伤了人，我以后不再这么做了。"猎户听后，不但没有责怪郯子，还为郯子的孝行所感动。他们都称赞郯子是一个孝子，为了父母，可以冒着生命危险扮成小鹿进入深山，其胆识和智慧的确令人佩服。

□故事感悟

对父母的孝养不仅在于照顾父母的身体，更要抚慰父母的精神。郯子取鹿乳的故事告诉我们，自己所做的一切不仅是要满足父母的口体之需，更是要顺应双亲的心愿，令父母宽心。《弟子规》有言："父母呼，应勿缓；父母命，行勿懒。"我们为人子女，只有以反哺之道，切身力行，才能成就自己的孝子之德，令父母心安。

郯 国

《汉书·地理志》载："周爵五等，而士三等：公、侯百里，伯七十里，子、男五十里，不满为附庸。盖千八百国。"这说明了郯国一个大致的概况，但并没有详尽的考察说明。其实，诸侯国的疆域都不是一成不变的，随着各国攻伐征战和王朝在封土上的赏罚，诸侯国的疆域是随时消长的。再者，诸侯国的封土在夏商时期是不明确的，只是管辖了大概的面积和大体的户数，没有过多的行政管理手段。周以后，行政管理手段相对加强，但也是若有若无，这时疆域的概念已经存在，各国在重要的通道路口已经设置了关隘，派兵把守。郯国属于弱国，历史资料匮乏，无法考证具体的边界线，但从周边国家的范围和现在每个行政区划的历史沿革资料来分析，大体的轮廓还是能够找出来的。

分封制

分封制是中国古代帝王分封诸侯的制度。周灭商和东征以后，曾分封同姓和功臣为诸侯，以为藩屏。诸侯的君位是世袭，在其国内拥有统治权，但对天子有定期朝贡和提供军赋、力役等义务。战国时，各国仍多分封侯君，但侯君已多不掌握封地的政权和军权，而且封地偏小，多不世袭。秦始皇统一全国后，废除分封制，实行郡县制。汉初又兼采之。西汉七国之乱平定之后，封国的官吏全由中央任免，诸侯只征收租税，封国名存实亡。魏晋以后，历代王朝也存在分封制，其性质不全相同。

分封制也称分封制度或封建制，即狭义的"封建"，由共主或中央王朝给王室成员、贵族和功臣分封领地，属于政治制度范畴。古代宗法制是分封制的基础，在家庭范围是为宗法制，在国家范围是为分封制。

卞庄子采蜜喂母亲

卞庄子（生卒年不详），鲁国著名的勇士，据传他能够独力与虎格斗。《韩诗外传·卷十》记载，卞庄子是个孝子。母亲在世时，他随军作战，三战三败，朋友看不起他，国君羞辱他。及其母死三年，鲁国兴师伐齐，他请求从战，三战三获敌人甲首，以雪昔日败北之耻，最后又冲杀七十人而告阵亡。刘向《新序》也记载其事。

卞庄子出生在春秋时期的鲁国卞邑。他不仅是一位英勇的壮士，还是一位德行很高的人。

没有出外做官时，卞庄子家住在卞桥东北十几里的蜂王山下。蜂王山上有一窝非常大的蜂群，它们经常成群出动袭击人畜。人们怕被蜂蜇，都不敢上山打柴、打猎。

一次，卞庄子的母亲得了重病，疾病折磨得老人饭吃不香、觉睡不着。母亲得病后，急坏了卞庄子。他天天伺候母亲，在病榻前喂水喂药，端屎端尿，从不厌烦。他还想尽一切办法为母亲做好吃的。老人在卞庄子的精心照料下，病情减轻了许多。

一天，卞庄子到母亲床前问安："母亲，今天您想吃点什么？""娘的嘴总是觉得苦，想吃点甜的。"母亲有气无力地说。卞庄子为难了："方圆数里，只有蜂王山蜂巢里的蜜是甜的，别的食物都不甜，怎么办呢？"

"既是这样，我儿就不必发愁了！"母亲躺在床上安慰儿子说，"我只不过说说而已，其实不吃也行。"

卞庄子立即从母亲床前站起来说："娘，您放心，孩儿定给您采来蜂王山的蜂蜜，让您老人家吃到！"说罢，他扭头就走了。

"不，孩子，你不能去啊！"母亲从床上伸出瘦骨嶙峋的手来制止儿子，"我听说，蜂王山的蜂可毒啦，你要被蜇坏的！"

卞庄子安慰母亲说："母亲放心，孩儿晓得，我一定会弄来蜂蜜！"说完他就背上筐子，拿起柴刀，向蜂王山走去。荆条划破了他的手臂和衣衫，他也全然不顾。进了蜂王山，一个硕大的蜂巢附在山石上，卞庄子把全身涂满了泥巴，小心翼翼地伏在蜂巢所在的石头下边，看准时机，从腰间拿出柴刀，在巨大的蜂房里割下一块蜜，迅速地跑开了。由于他身上的泥巴都干了，时机把握得也比较好，蜜蜂的蜂针没有伤害到他，卞庄子安然无恙地回家了。

卞庄子到家的时候，天已经黑了。母亲正惦记着儿子的安危，没想到他平安地回来了。

卞庄子一进门就说："娘，我去了蜂王山，为您割来了蜜，您快吃点吧！"他用汤匙为母亲舀了一勺蜜，送到母亲嘴里。母亲吃在嘴里，甜在心里。蜂蜜滋补了母亲的身体，母亲的病渐渐好了。

卞庄子不顾危险为母亲割蜜的故事在泗水卞桥一带流传开来，他也因此赢得了人们的尊敬。

■故事感悟

"若根得水，枝叶花果悉皆繁茂"，这是自然的大道。若让我们的生活事业都能枝繁叶茂、硕果累累，唯有从诚心诚意地孝敬我们的父母做起。

春秋时期的文化转型

春秋战国是中国文化大发展的时期，这一时期实现了中国思想文化史上由卜巫的宗教迷信文化转向以人为中心的理性人文文化的历史转型。在春秋这个转型期，夏、商、周以来的传统观念仍在人们心中起着巨大的作用，普遍地发生着影响。同时，周天子及其诸侯政治权威的动摇与衰落，私学在官府局面的被打破，随之而出现的学术下移、典籍文化走向民间等社会方方面面的变化，又引起了人们思想观念的某种改变。这些变化正是春秋时期思想文化转型得以实现的历史条件。

蜂蜜

蜂蜜是蜜蜂从开花植物的花中采得的花蜜在蜂巢中酿制的蜜。蜜蜂从植物的花中采取含水量约为80%的花蜜或分泌物，存入自己第二个胃中，在体内转化酶的作用下，经过30分钟的发酵，再回到蜂巢中吐出。蜂巢内温度经常保持在35℃左右，经过一段时间，水分蒸发，成为水分含量少于20%的蜂蜜，存贮到巢洞中，用蜂蜡密封。蜂蜜的成分除了葡萄糖、果糖之外，还含有各种维生素、矿物质和氨基酸。1千克的蜂蜜含有2940卡的热量。蜂蜜是糖的过饱和溶液，低温时会产生结晶，生成结晶的是葡萄糖，不产生结晶的部分主要是果糖。

吴猛替双亲受蚊叮

> 吴猛（？—374），晋代道士。字世云。豫章分宁（今江西省修水县）人。仕吴为西安令。性至孝。

吴猛是晋朝人，自幼就是个非常孝顺的人。

当其他8岁的小孩子还在父母的庇护下撒娇时，吴猛就已经懂得如何孝敬父母了。我们来看看他这么小的年纪到底是怎样孝敬父母的吧。

刚入夏，吴猛发现父母的眼睛老是布满血丝，红红的，没有一点精神。他很奇怪，不知道为什么。后来经多次细心观察，吴猛发现了原因。

原来吴猛家境非常贫寒，住在偏僻落后的地方，屋子破旧，又靠近小河边，所以蚊子异常多。可家中又穷得买不起蚊帐，所以每逢夏夜，满屋子的蚊子嗡嗡叫，叮得父母身上这里一个包，那里一个包，搅得父母睡不了觉。

父亲每天都起早摸黑地到外面干活儿，在外已经被炎炎烈日晒得头昏脑涨、筋疲力尽了，回来后应该好好休息，第二天才有精神和体力继续干活。而母亲也要大清早就去帮佣，赚一点钱补贴家用，所以劳累了一天的母亲也疲惫不堪。父母本应该好好休息，可都因为蚊子的叮咬睡不好觉。

吴猛非常心疼父母，他想来想去，最后干脆把衣服脱掉，先去躺在床上，任凭屋子里的蚊子来叮咬他。尽管蚊子那么多，而且统统围在他的身上，他还是忍耐着。为了父母，他能忍受着痛痒，忍受这些蚊子在他身上任意地叮咬。因为他怕他赶走了这些蚊子后，蚊子再去叮咬他的父母，他不忍心让父母被咬，就任凭蚊子吃得饱饱的。他希望蚊子叮了自己之后不要再去叮父母，结果吴猛经常被蚊子咬得满身是包，而且整个夏天都是这样坚持下来的。

■故事感悟

父母爱护子女情深意切，为人子女也应该像吴猛这样，回报父母的恩情。所以说，我们要向吴猛学习，体贴父母，报答父母的恩情。

报恩，仅仅是心里想、嘴上说是不够的。报恩需要的是行动，是超于常人的付出，有时甚至是自我牺牲。

■史海撷英

五胡乱华

晋时外族有匈奴、羯、鲜卑、氐、羌、卢水胡、乌桓、巴人及高句丽人。八王之乱期间，地方势力不断膨胀，少数民族中的分裂分子陆续叛变。氐族李雄在益州逐渐势大，于304年称王，两年后称帝，国号成，与罗尚在巴郡对峙。304年，司马颖遭王浚和司马腾围攻，遣匈奴领袖刘渊回并州发兵支援，刘渊乘机宣布独立。308年，刘渊称帝，国号汉，割据山西西南部。由于晋朝在中原解除武备，无力平定叛乱，加上严重的自然灾害，很大程度上动摇了统治基础。晋室在八王之乱后面临一场覆亡危机。

庾黔娄尝粪为父治病

庾黔娄（生卒年不详），字子贞，南朝齐人。父易，司徒主簿，征不至，有高明。

庾黔娄是南北朝时南齐人，字子贞。他被派到孱陵这个地方当县令。刚当上县令时，他很是欣喜。可到任还不到十天，他就时常觉得心怦怦直跳，额头上的汗珠簌簌往下流。俗话说，父子连心。黔娄心想，一定是家里有不祥之事，便要辞官回家。衙门里的人听说后，觉得辞掉官职很可惜，便说："你要是不放心就先派个衙役回家看看，要不然直接把家人接到这里。"但黔娄一想到家中年迈的老父亲，便毅然决然地谢绝了众人的好意，马上辞官起程了。他路上不敢耽误片刻工夫，夜以继日地赶路，终于赶到家。

果不其然，他的父亲真的生病了，身患痢疾，卧床不起。刚开始两天，他看到卧床的老父亲说："是我没有照顾好您，都是我的责任啊！"然后黔娄不顾路途的疲劳，立即去找最好的医生来为父亲诊断病情。

医生告诉黔娄说："如果你想要知道父亲病情的严重与否，你就要去尝尝他的粪便味道到底是苦还是甜。如果是苦的，就很容易医治；如果是甜的，就不好了。"在场的家仆都觉得这很为难。

可黔娄听说后，想都不想便尝了，当场的人都深深被黔娄的孝心感动了。黔娄感到一丝甜味，这说明父亲的病很严重，这让他更忧心如焚。

于是，黔娄更加尽力地侍奉父亲，白天亲自服侍，到晚上就向北斗七星磕头祈求，希望能以他自己的身体代替父亲承受病情，希望以他的生命来换取父亲的存活。他每天如此，迫切地向上天祷告，头都磕破了。

但父亲的重病不是靠祈求上天就能救得了的，不久后，黔娄的父亲还是过世了。黔娄在守丧期间非常哀痛，尽到了为人子女的守孝丧礼。他几乎没有办法承担父亲过世对他的打击，身体每况愈下，精神非常脆弱，可见他丧亲悲痛之深。

□故事感悟

现在我们可以借用高科技来化验病情，不用再像庾黔娄那样靠尝粪便了解病情了。但父母对我们恩重如山，我们欲报之情、欲报之恩是永远没有办法报尽的。孝是天经地义之事，孝敬自己的父母是理所当然的，是为人子女必须要去做的事。

□史海撷英

南朝·齐

南齐是南北朝四个朝代中存在时间最短的一个朝代，仅存在了23年。齐高帝萧道成借鉴了宋灭亡的教训，以宽厚为本，提倡节俭。他共在位4年，临死前，他要求其子武帝继续他的统治方针，并且不要手足相残。武帝遵其遗嘱，继续统治国家，使南朝又出现了一段相对稳定发展的阶段。武帝死后，齐国的君主又走上了宋灭亡的老路，纷纷杀戮自己的兄弟、叔侄，至东昏侯时，因东昏侯疑心过重，几乎将朝内大臣全部处死。这样一来，齐国的江山又被动摇了。501年，雍州刺史萧衍起兵攻入建康，结束了南齐的统治。

□文苑拾萃

《昭明文选》

《昭明文选》，又称《文选》，是中国现存最早的一部诗文总集，由南朝梁武帝的长子萧统组织文人共同编选。萧统死后谥"昭明"，所以他主编的这部文选称作《昭明文选》。

全书共60卷，分为赋、诗、骚、七、诏、册、令、教、文、表、上书、启、弹事、笺、奏记、书、檄、移、对问、设论、辞、序、颂、赞、符命、史论、史述赞、论、连珠、箴、铭、诔、哀、碑文、墓志、行状、吊文、祭文等38类。所选多为大家之作，时代愈近入选愈多。其中楚辞、汉赋和六朝骈文占有相当比重，诗歌则多选对偶严谨的颜延之、谢灵运等人的作品，陶渊明等人平易自然之作则入选较少。作品划分的类别可以反映汉魏以来文学发展、文体增多的历史现象。

"选学"在唐朝与《五经》并驾齐驱，盛极一时，士子必须精通《文选》。时至北宋年间，民间尚传谣曰："文选烂、秀才半。"宋代有"文章祖宗"之说。延至元、明、清，有关《文选》的研究亦未曾中辍，是今人研究梁以前文学的重要参考资料。

汉文帝侍母喝药

刘恒（公元前203—前157），汉文帝，汉朝第五位皇帝，汉高祖刘邦四子，惠帝刘盈弟，母薄姬。在位期间，他实行与民休息和轻徭薄赋的政策，使汉朝从国家初定走向繁荣昌盛的过渡时期。后世将这一时期与其子景帝执政的时期统称为"文景之治"。

汉文帝刘恒是历史上有名的仁孝皇帝，他侍母尝药的故事在后世广为流传。

文帝的母亲薄姬虽不是正宫皇后，但她秉性仁善，深得朝中大臣的爱戴。

汉朝初期，镇守代地的相国陈豨起兵造反，高祖刘邦出兵平定叛乱。由于代地位处边疆，是重要的边防要塞，必须由可靠又有才干的人镇守，才可保卫国家的安全。在众臣的举荐下，贤孝稳重的刘恒被封为代王，镇守边防。

蛮荒偏远的代地，远离京畿，恶劣的环境使人难以适应。但是，代王刘恒不愧是贤明之人，他听从母亲的教诲，恪守力行祖训，把代地治理得井井有条，使边疆恢复了安定。

不久，吕后宗亲谋反，被忠臣平定，刘恒遂在丞相陈平、太尉周勃的拥立下登上了帝位。当了一国之君的汉文帝，坚持以仁孝治理天下。平日，他身体力行，每天都向母亲问安。如果公务不太繁忙，文帝还要抽出时间，陪伴在母亲左右。在文帝心中，始终把侍母尽孝当作是自己生命中的大事。只要母亲身心安泰，自己也会感到莫大的快乐。

日月如梭，母亲日渐衰老，文帝不免担忧起母亲的身体来。一天，母亲不幸病倒了，文帝请来最好的医生给母亲诊治，宫廷内外也都为尽早医好太后的病而各尽所能。

此时此刻，文帝焦急万分，他深恐母亲一病不起，甚至会离自己而去。他时刻牵挂着母亲，已经放心不下宫女们的照顾。只要完成公务，文帝便会径直来到母亲后宫，守护在母亲床前。看到母亲憔悴的面容，文帝食不甘味、夜不能眠。他亲自为母亲端水送药，一心想着让母亲尽快好起来。只要母亲感觉好一些，文帝心中就感到无限喜悦。

在侍奉母亲的三年里，身为一国之君的汉文帝几乎没有睡过一个安稳觉。即使在休息时，文帝也从不宽衣解带，生怕母亲呼唤时因自己一时的怠慢而无法应母亲之需。为了更好地照顾母亲，文帝还学习了母亲平时所服汤药的药效、剂量，而且牢记于心。对什么时候用药，如何熬制才能充分发挥药效等，他也能恰当地掌握。母亲每次服药前，文帝必会亲自先尝，品一品熬煮的浓度是否适当，温度是否合适，然后再嘱咐下人调制调温，直到适宜母亲服用之后，才放心地端给母亲。母亲在儿子三年如一日的侍奉护理下，病终于有了好转。

文帝对母至孝，身为皇帝，也把百姓当做亲人。他倡导："孝悌，天下之大顺也。力田，为生之本也。三老，众民之师也。廉吏，民之表也。"他还嘉奖这些世人模范，以带动良善的社会风气。他广纳谏言，废除因诽谤而处以死刑的惩罚，在收成差的年份减租减税，惠赐天下孤寡。在位23年，不管是宫室、苑囿，还是车骑、服御，文帝从来都没有增添过。他仁慈恭俭，以敦伦尽分、崇尚简朴示范天下，自然也得到了万民敬爱、远者悦服，从而达到了海内殷富、天下大治的盛景。

■故事感悟

即使是国君，也有常人的亲情，但对母亲三年无微不至的照顾，对一个国君来讲确实是一件不容易做到的事。可是，日理万机的汉文帝却真正做到了三年如一日地悉心侍奉母亲，追其根源，源于他有一颗真挚的孝敬之心。

反观现代社会，很多为人子女者终日忙于追名逐利，却很少念及家中的父母，更谈不上亲力亲为侍奉双亲了。看到这个故事，我们不妨静下心来认真反思一下：终日忙忙碌碌，究竟给养育我们的双亲带来多少欢乐，多少精神上的慰藉？

"夫孝，德之本也，教之所由生也。"没有孝道的人生，是拔根断源晚景凄凉的人生；没有孝道的民族，是没有生命力的民族。孝敬是做人的根本，是民族慎终追远、民德归厚的基石。汉文帝以一颗拳拳孝子之心，以侍亲尝药的孝行，为天下百姓做出了侍母报恩的榜样。更难能可贵的是，他还像爱自己的母亲一样爱护自己的百姓。

■史海撷英

吕后称制

吕后称制指西汉惠帝死后，吕后临朝执政。吕后名雉，山阳单父（今山东单县）人，汉高祖刘邦的结发之妻。高帝五年（公元前202年）刘邦称帝，立吕雉为后。吕雉为人有谋略而性残忍，在刘邦剪除异姓王的过程中起过很大的作用。刘邦生前嫌太子刘盈柔弱，打算另立宠姬戚夫人之子赵王如意为太子。由于大臣反对，吕后又多方设法为刘盈辅翼，废立太子之事未果。

刘邦死后，刘盈继位，是为惠帝。吕后以惠帝年少，恐功臣不服，密谋尽诛诸将，后畏惧诸将拥有兵力，不敢下手。她又毒死赵王如意，害死戚夫人，对其他刘氏诸王亦加残害。惠帝不满吕后所为，忧郁病死，此后，吕后临朝执政8年。

吕后执政后，继续推行高祖以来"与民休息"的政策，先后废除了秦以来的"挟书律""三族罪""妖言令"；还减田租，奖励农耕，放宽对商人的限制，等等。这些措施对当时社会生产的发展起了一定的推动作用。

吕后临朝称制后，封侄吕台、吕产、吕禄等为王，遭到刘氏宗室和大臣的强烈反对。吕后病危时，告诫诸吕部署应变，命吕禄领北军，吕产居南军，严密控制京城和皇宫的警卫。诸吕在吕后死后阴谋作乱，结果被太尉周勃、丞相陈平和朱虚侯刘章等迅速剪灭，西汉朝廷大权复归刘氏集团，代王刘恒被拥立为皇帝，即汉文帝。

■文苑拾萃

《汉书》

《汉书》，又称《前汉书》，由我国东汉时期的历史学家班固编撰，是中国第一部纪传体断代史，"二十四史"之一。《汉书》是继《史记》之后我国古代又一部重要史书，与《史记》《后汉书》《三国志》并称为"前四史"。《汉书》主要记述了上起西汉的汉高祖元年（公元前206年），下至新朝的王莽地皇四年（23年），共230年的史事。《汉书》包括纪12篇、表8篇、志10篇、传70篇，共100篇。后人划分为120卷，共80万字。

黄香为父扇枕暖床

汉光武帝（公元前5年—前57），即刘秀，字文叔。他是东汉王朝的建立者。公元25至57年在位，汉族，南阳蔡阳（今湖北枣阳）人，汉景帝后裔，汉高祖九世孙。新朝王莽末年，起兵反对王莽，昆阳之战，光武帝挽狂澜于既倒，王寻等百万之众，一时土崩瓦解，王莽政权的丧钟由此而敲响。光武帝以偏师徇河北、平王郎、降铜马，艰难奠定中兴之基。后统一天下，定都洛阳，重新恢复汉室政权，为汉朝中兴之主。政治措施皆以清静节俭为原则，兴建太学，提倡儒术，尊崇节义，乃一代贤明君王。

东汉时有个名叫黄香的人。在他9岁时，母亲便病故了。虽然黄香年少，但他已深深懂得孝的道理。

黄香每天都非常思念去世的母亲，常潸然泪下。乡里人看到他思母的情景，都称赞他是个孝子。失去了母亲的黄香，便把全部的孝心都倾注在父亲身上，家中大大小小的事情都亲自动手去做，一心一意服侍父亲。

盛夏，酷热难当。每天吃完晚餐，邻居们都搬出椅子，坐在屋外乘凉聊天。小孩子这时总是会趁机要求大人们讲故事，要不就是追逐着在夜幕下玩耍，但这些人中却永远找不到黄香的影子。原来细心的小黄香担心劳累一天的父亲因天太热睡不好觉，正拿着扇子在床边扇枕席。左手扇累了，换右手；右手酸了，再换左手。就这样一下又一下地扇着，一直扇到席子已经暑气全消，黄香才去请父亲上床睡觉。一夜、两夜……整整一个夏天都这样。

过了秋天，隆冬来临，每到晚上，整个屋子冷得就像冰窖一般。要是碰上下雪的时候，日子就更难过了，但孝顺的黄香仍然有办法让父亲每天晚上睡得舒舒服服。只要天一黑，黄香就会钻进父亲冰冷的被窝里，用自己的身体把被子焐得暖烘烘的，然后再请父亲去睡，这样父亲夜里就可以免去受寒冷之苦了。

日复一日，年复一年，黄香的孝行传遍了左邻右舍，传遍了全县，也传遍了全国。

■故事感悟

现今物质生活富裕了，我们不需要再像黄香那样扇席暖床了，但黄香孝敬父母的行为永远值得我们学习。

■史海撷英

东汉王朝科学的发展

东汉王朝在统治上沿用了许多西汉的方针与政策，并在一些方面做了调整与改革，使之更加适用于当时的社会状况。在东汉前期，中央政权进一步加强了与地方势力的融合，使国家趋于稳定，在经济、文化、科学技术等方面都超过了西汉的水平。105年，蔡伦在前人的基础上改造了纸张的制造技术，使我国的文字记录方式脱离了使用竹简的时代，同时造纸术也作为我们熟悉的中国古代四大发明之一而流传至今。东汉对后世的另外一项贡献是制陶业的发展，它使中国彻底脱离了青铜时代的材料束缚，把一些以前为豪门贵族专有的用品带入了寻常百姓家。

□文苑拾萃

太守

太守是官名。原为战国时代郡守的尊称。西汉景帝时，郡守改称为太守，为一郡最高行政长官。历代沿置不改。南北朝时期，新增州渐多。郡之辖境缩小，郡守权为州刺史所夺，州郡区别不大。至隋初遂存州废郡，以州刺史代郡守之任。此后太守不再是正式官名，仅用作刺史或知府的别称。明、清则专称知府。

少年陆绩怀橘孝母

陆绩（188—219），字公纪，三国时期吴国人，吴偏将军、郁林太守。父康，汉末为庐江太守。孙策在吴，张昭、张纮、秦松为上宾，共论四海未泰，须当用武治而平之。绩年少末坐，遥大声驳之，昭等异焉。绩容貌雄壮，博学多识，星历算数无不该览。孙权统事，辟为奏曹掾，以直道见惮，出为郁林太守，加偏将军，给兵2000人。年32岁卒。

陆绩的父亲陆康孝顺良善，曾被当地太守李肃举荐为孝廉。后来李肃不幸客死异乡，陆康知恩报恩，亲自将太守李肃的灵柩送回颍川，礼数周备地为他操持了葬礼。

陆康做官以后，体恤百姓疾苦，办了许多实事，深得当地百姓们的敬爱，后来成为庐江太守。陆康的言传身教，给年幼的陆绩以至深的影响。

时值东汉末年，陆康和后来成为三国时期著名的将军袁术交情非常好。有一次，陆康带着年仅6岁的儿子陆绩，到居住在九江的袁术家里做客。袁术非常高兴，端出橘子热情地招待他们。

长辈们谈话的时候，陆绩就坐在一旁剥橘子吃。这橘子甘甜汁多，吃得陆绩美美的。当他伸手再拿第二个时，不由得想起母亲最爱吃的水果就是橘子了，可她还从来没有吃过这么好吃的橘子呢。想着想着，陆绩的眼前就浮现出母亲慈爱的笑容……于是，陆绩忍住了自己再吃橘子的念头，而是小心翼翼地拿了三个装进怀里，心想把这些橘子带回去给母亲，她该多高兴啊！

　　由于大人们谈话都很投入，谁也没有察觉到陆绩的这个小动作。等到陆康父子准备告辞时，只见陆绩两臂夹紧，双手抱在胸前，小心翼翼地从椅子上滑下来，随同父亲走到主人面前，鞠躬施告别礼。

　　不料当陆绩双手作揖，毕恭毕敬地弯下腰来躬身作礼时，三个橘子突然从他胸口的衣襟里掉了出来，滚落在地上。

　　袁术见此情景，禁不住开怀大笑，然后又故意板起脸孔说："你来我家做客，怎么还把橘子带走啊？"陆绩慌忙跪在地上说："对不起，我母亲最爱吃橘子，您家的橘子特别甜，我想带几个回去给母亲。"

　　袁术听了之后十分惊讶，随即脸上又显出喜悦之色，内心不禁感叹：这么小的孩子就能时时惦记母亲的喜好，并尽力成全，实在难能可贵呀！陆绩怀橘敬母的行为和他率真的天性也使在场的人都深受感动，大家不禁交口称赞。

■故事感悟

　　陆绩在很小的时候就懂得孝敬自己的父母，从这个故事中我们也可以看出他对母亲的深深爱意。陆绩怀橘敬母的故事也让我们认识到，回馈父母的方式是从平时的点滴小事做起的。

三国兴亡

公元184年黄巾起义后，东汉开始失去政权实体。群雄割据纷争，东汉名存实亡，208年的赤壁之战初步奠定了三国鼎立的格局。220年，曹丕废汉献帝，在洛阳称帝建魏，东汉灭亡。此后刘备、孙权先后称帝，魏、蜀、吴三国鼎立局面正式形成。

263年，蜀汉被曹魏所灭，三国时代结束。266年，司马懿之孙司马炎废魏称帝，建立晋朝，史称西晋。280年，西晋武帝灭东吴，统一南北。

三国时代人才辈出，后世常追思当时风云人物，在唐宋诗词中也出现了大量三国时期的内容。元明清时期，三国事迹更加深入人心，成为戏剧和民间文学艺术作品中的常见话题。晋代陈寿所作史书《三国志》，后经裴松之注引，颇有参考价值。明代罗贯中以三国历史为蓝本，编撰历史小说《三国演义》，成为中国四大古典文学名著之一，其丰富多彩的历史内涵也流传到世界各地。

四世三公

袁术（？—199年），字公路。汝南汝阳（今河南周口西南）人。袁术出身豪门，家世显赫。可以说，古往今来，像袁家这样的望族简直是凤毛麟角。清代海宁查家也有"一门七进士，叔侄两翰林"之说，清末常熟翁氏号称"状元门第，帝师世家"。不难看出，像这样的家世说起来是何等的气派和荣耀，但跟袁家比起来，简直就是小巫见大巫了。

一提到袁家，有个很流行的说法叫做"四世三公"。为什么会有这种说法呢？因为袁术的高祖父袁安是东汉的司徒，袁安的第二个儿子袁敞做过司空。袁安的大儿子袁京虽然只做到蜀郡太守，但袁京的儿子，也就是袁安的孙子袁汤却官至太尉，并且袁汤的第三子袁逢、第四子袁隗也都位至三公。所以，人们说袁家是"自安以下四世居三公位，由是势倾天下"。意思就是自袁安这一辈下来，连续四代人都位至三公，这就是"四世三公"之说的由来了。

四岁拓跋宏为父吸毒痈

拓跋宏（467—499），北魏孝文帝，是一位卓越的少数民族政治家、军事家和改革家。他崇尚中原文化，实行汉化，禁胡服、胡语，改变度量衡，推广教育，改变姓氏并禁止归葬，提高了鲜卑人的文化水准，是西北方各民族陆续进入中原后民族融合的一次总结。

拓跋宏是北魏时期一位很有作为的政治家。在他很小的时候，父亲魏献文帝就把他立为皇太子。拓跋宏幼年丧母，他的祖母冯太后把他抚养成人。冯太后是一位很能干的女政治家，但是极其霸道，在处理朝政时常常与献文帝产生分歧。

皇帝和冯太后关系紧张，作为皇太子的拓跋宏有些事就特别难办，但他很会处理复杂的宫廷关系。由于拓跋宏是由冯太后抚养成人的，他尊敬祖母，听从她的教导。专横的冯太后觉得拓跋宏这个年幼的小孙子比当皇上的儿子好控制，总想让小孙子早点继位当上皇帝。为了达到这个目的，她甚至想谋害献文帝。

拓跋宏年纪虽小，却十分懂事，对父亲也极其孝顺。他从来不依仗祖母对他的恩宠而对父亲施加压力。

有一年，献文帝后背上长了一个毒痈。太医们用了各种各样的药，病都不见好。冯太后见了很高兴，她想：要是皇上长的毒痈治不好，他一死，我就把皇孙宏儿扶上金銮殿当皇上。

她的孙子却不这么想，他天天跑到父亲的寝宫探视。

父亲背上的毒痈越长越大，疼得献文帝额头上直冒冷汗，在床上翻来覆去大喊大叫。拓跋宏很难过，一直守候在父亲床前照顾父亲。宫女送来的药，他总是先亲自尝一尝，然后再让父亲喝下。

可是，献文帝一连吃了几剂御医开的药，毒痈也没下去。夜间，拓跋宏在自己的寝宫中都能听见父亲的喊声。他心里十分难过，恨不得替父亲生病。

第二天，宫中的太监们都在悄悄议论："皇上怕是活不了几天了！"拓跋宏听了心中十分害怕，他赶快来到父亲的宫里，见父皇背上的毒痈隆起得更高了，毒痈的尖儿亮亮的，显然里面全是脓血，有的地方已经破了。拓跋宏问太医："是不是把痈里的脓血吸出来，父皇的病就会好呢？""也许……"太医惊恐地说，"臣不敢担保。"

没想到，皇太子拓跋宏扑上去，用嘴对准了父亲背上的毒痈，像婴儿吸吮乳头那样用力一吸，竟吸出来一大口脓血。宫女们都吓坏了，赶快送过来清水让太子漱口。吸出脓血之后，皇上立刻感觉轻松了许多。过了几天，献文帝的毒痈消失了，病竟然完全好了。

一年以后，献文帝为了缓和同冯太后的矛盾，主动把皇位让给了儿子拓跋宏。这时的拓跋宏只有5岁。把皇位让给一个5岁的孩子，这种做法也许是很荒唐的，但拓跋宏孝敬长辈的事迹从此传为美谈。他就是历史上很有作为的改革家魏孝文帝元宏。

拓跋宏身为太子，却能为治好父亲的疾病，亲自为父亲吸吮毒痈，这种对父亲的关怀之情真是难能可贵！以今日的医疗技术水平，这些事已不用为子女者亲力亲为去效仿了，但拓跋宏为父吸吮毒痈的精神正是我们当代人孝敬父母应该学习的典范。

传位的疑惑

献文帝拓跋弘是北魏王朝一个特殊的皇帝，在其短暂的政治生涯中，既富有喜剧色彩，又充满着悲剧情调。他文武全才，12岁继位就显露出了超人的才能和魄力。他整顿内政，增强国力，四处征讨，致力于统一，俨然一副英明君主大有作为的架势。但是，在亲政5年以后，正当其统治事业进展顺利之际，他却突然将皇位让给了5岁的太子拓跋宏。

对拓跋弘的这种异常举动，《魏书·显祖纪》和《北史·魏本纪》的解释是，拓跋弘热衷于老庄、佛图之学，因此看破红尘，"雅薄时务，常有遗世之心"，想抛开政务纷繁的皇位去过清静的生活。而《魏书·天象志》却说："上迫于太后，传位太子。"这两种说法，究竟孰是孰非，后人也不得知之。

第四篇
养育之恩有回报

花木兰替父从军

花木兰（生卒年不详），中国古代女英雄，以代父从军击败北方入侵民族而闻名天下。唐代追封她为"孝烈将军"，设祠纪念。其事迹被多种样式的文艺作品所表现，尤其是电影、电视剧多次重拍，甚至影响波及美国和全世界。花木兰其人其事仅限《木兰辞》中，纵观南北朝、隋唐诸史并无记载，所以其生卒年和故里有很大争议。

花木兰是我国古代的一名女英雄，她替父从军的故事流传千古。

木兰出生在北魏后期的一户农家，父母都已年老，靠她和姐姐织布为生。木兰小时曾跟着父亲念过几年书，除了织布，她还爱骑马射箭，练得一身好武艺。

那时北方少数民族屡屡侵犯中原，战事频繁，人民生活极不安定。

一天，木兰一人在家织布，突然闯进几个差役，送来衙门下发的征兵军帖，要木兰父亲去应征当兵。差役走后，木兰心里一直不能平静：父亲已年过半百，怎能去打仗？弟弟又太小，根本不懂事。怎么办呢？木兰愁得再也没有心思织布……

不一会儿，父亲从外边回来，听不到木兰房中那熟悉的穿梭声，却传来女儿的阵阵叹息。他走进机房，问女儿："兰儿，你怎么啦？身体不好就别织布了。"

木兰见父亲问她，连忙打起精神回答："爹，我没事。昨天我看到衙门布告，刚才衙门里又送来军帖，爹已列入应征名单。"说着她把军帖递给爹。见爹拿着军帖低头不语，木兰接着说："我想来想去，木兰没有兄长，弟弟又年幼，女儿想代爹去从军，又舍不得离开爹娘……"

"兰儿，你真是一个孝顺女儿……但你是个女子，怎能从军呢？招兵的怎会收留一个女孩呢？"

"我想过了，我可以女扮男装！"父母知道女儿决定了的事很难改变，但又怕女儿受不了行军打仗之苦，心里实在舍不得她走。

但木兰心意已决，不可改变。于是，木兰含泪拜别父母，踏上了征途。

木兰是一个勇敢坚强的女子，很快就习惯了军队生活，一心在战场上杀敌立功。

行军作战的艰苦木兰都能忍受，她害怕的是自己女扮男装的秘密被人识破，所以处处加倍小心。白天行军，她动作迅速，从不掉队；夜晚宿营，她和衣而卧，不脱军装；遇见敌军，她冲杀在前，毫不退缩。转眼十个年头过去了，没有一个人知道她是女儿身。

战争终于结束了，队伍凯旋，朝廷对将士们依功奖赏。木兰屡获战功，但她既不想做官，又不要财物，只希望皇帝赏给她一匹快马，好早日回家和父母亲人团聚。朝廷满足了她的要求，并且派木兰的同伴护送她回家。

木兰千里迢迢回到家乡，一家人高兴极了。父母相互扶持着到城外迎接女儿回来，阿姐和小弟杀猪宰羊，准备酒席。

木兰回家头一件事便是到自己的闺房里脱下战袍，换上昔日的女儿装，梳理好姑娘的发鬟，还贴上金色的花黄饰品。当她走出房间向男同伴道谢时，男同伴大吃一惊："啊！同行12年，想不到你木兰竟是个女子哟！"

木兰替父从军的事迹传开以后，当地的人们纷纷编成歌谣赞颂她，夸她是爱国家、孝双亲的女英雄。至今，在河南虞城周庄村南郊还保存着一座木兰祠，每年四月初八，乡亲们常来此地纪念这位古代的孝烈女子。

■故事感悟

木兰替父从军的故事流传至今而不衰，从木兰身上我们可以看到，替父从军，何等孝道，建功立业，何等英豪。英雄不独是男人的专利，巾帼不让须眉，现代亦涌现出许多巾帼英雄。

■史海撷英

北魏大破柔然之战

北魏神䴥二年（429年），北魏军远程奔袭漠北（今蒙古高原大沙漠以北地区），大破柔然汗国的战争。

自十六国后期起，北魏王朝为扩充势力范围以统一北方，柔然可汗为掠夺魏境的粮资雄踞大漠南北，连年互相攻战。北魏为防御柔然，拱卫京都平城，修筑长城。柔然为满足军事上的需要，也建立了一整套军法。北魏始光元年（424年）八月，柔然可汗大檀闻北魏明元帝拓跋嗣去世，率6万骑兵攻入北魏云中，杀掠吏民，攻陷北魏故都盛乐，包围了云中城。

拓跋焘当太子时，12岁便远赴河套保卫长城，抗击柔然的入侵，把边塞军务整顿得有声有色，对柔然的战术也颇为熟悉。于是，他力排众议，亲自率两万骑兵急赴云中救援。柔然依仗人多，将赶来救援的北魏太武帝拓跋焘及所部包围竟达50余重。

起初，北魏将士十分恐惧，但这位不到16周岁的少年皇帝拓跋焘"临敌常与士卒同在矢石之间，左右死伤者相继，而帝神色自若"，因此使得北魏的将士们"是以人思效命，所向无前"。先是柔然的两位大将大那、社仑所发动的进攻被北魏军击退，之后，柔然大将于陟斤被北魏军射杀。拓跋焘趁势率军大纵深地向前穿插，北魏奋力突击柔然军，柔然军顿时被搅得一片混乱，大败而逃。

□文苑拾萃

汉乐府

乐府在汉武帝时得到了大规模的发展，后人通称之为"汉乐府"。汉乐府掌管的诗歌一部分是供执政者祭祀祖先神明使用的郊庙歌辞，其性质与《诗经》中的"颂"相同；另一部分则是采集民间流传的无主名的俗乐，世称之为乐府民歌。

鲍出入贼群救母

鲍出（生卒年不详），字文才，汉时新丰人。天生魁伟，生性至孝。后人有诗评价："救母险如履薄冰，越山肩负步兢兢。重重危难益坚忍，孝更绝伦足可矜。"

汉朝时，陕西省临潼县新丰镇有一位名叫鲍出的小伙子。父亲因病早逝，留下母亲和鲍出弟兄五人，一家六口靠种地、砍柴糊口。

鲍出生得身材魁梧，力气颇大，性格豪爽。

有一次，附近村子一批少年男女在山野地上放牧牛羊，碰上两头大牴牛打架。两头牴牛头对头、角抵角，瞪着血红的眼睛，打斗得难解难分……众多少年男女惊得目瞪口呆，远远站着呼天叫地束手无策，乱成了一锅粥……

大家正焦急万分之际，鲍出闻声赶来。一看，两头大牴牛正打得热火朝天，不可开交。

鲍出毫无惧色地走上前去，抖了抖双手，揉了揉胳膊，然后向正在格斗的牴牛走去。两头牴牛根本没把小小的鲍出放在眼里，依然继续打斗。鲍出选好进退位置，伸出双手掌对准正在格斗中的一头牴牛的臀部，用力一推，"轰隆"一声就把那头牯牛推翻倒地，四脚朝天乱蹬，好一阵子爬不起来。另一头牯牛瞪着双眼，待了几秒钟，掉转头跑开了。这一下子，围观的人都惊呆了……

从此以后，男女老少送给排行老三的鲍出一个外号叫"三猛子"。

距离鲍出家不远的高山上，有座香火旺盛的道观，观内有一位精通武术、银发白眉的道长。道长见鲍出体魄健壮，臂力过人，便主动收他为门徒，教其武功拳术。奈何鲍出家境贫寒，整日忙于耕种劳作，养家孝亲，武艺未达炉火纯青的境界，那老道长就去世了。

有一年，黄河中上游一带遭遇旱灾，庄稼收成甚少，沿河两岸闹饥荒。地主、豪商乘机囤积居奇，兼并土地，统治者无人过问。无数饥民聚众集伙，打家劫舍，盗贼蜂起。农村像鲍出那样五大三粗的男儿干活都得饿肚子，人少力弱者的生活就更艰辛了。

一天，鲍出母亲一人留在家中看守屋子，他们五弟兄挎篓挽箢，上山去采摘野菜、野果、蘑菇等可吃的东西，准备拿回家填肚子。

他们上山忙碌了一阵，先采得几升蓬实和一些蘑菇。兄弟们商量让大哥鲍初、二哥鲍雅和四弟鲍成拿回家，分工将蓬实磨成粉，熬羹煮蘑菇，劈柴弄吃的，鲍出同五弟鲍伦继续采集一些可充饥的食物。

鲍初三人回家一看，家里像刚刚被什么人翻箱倒柜，弄得乱七八糟的，母亲也不见了，屋前房后都不见影。他们爬上后山顶一瞧，远远望见一帮扛枪弄刀的盗贼，正押着两个被捆绑着的妇女向前行走，看其中一位妇女的背影就是他们的母亲。

三个人看清楚后，却只能木讷讷地面面相觑，束手无策。

鲍出很快就回来了。

老大、老二将母亲被贼人捆绑去了的事告诉了鲍出，"三猛子"的肺都快气炸了。他二话没说，放下装有鹌鹑蛋的筅子，跨进内室，从墙上取下师傅老道长赠送给他作纪念的、削铁如泥的朴刀，气冲冲地冲出家门……

他在门口碰上老大，鲍初一把拉住他："三猛子，你，你要干啥？"

"我要去杀了那伙狗强盗，救回母亲——"鲍出鼓着双眼说。

鲍初恳切地说："三弟呀，不要莽撞！那伙人都是些杀人放火的强盗。不说你一个人去，就是我们弟兄一齐去，也是白白送死呀！"

鲍出大声怒吼："大哥，二哥，我们当儿子的，难道能够眼睁睁让贼人把母亲捆绑走，见死不救吗？那还叫人吗？"

鲍出扛起朴刀，在烈日下一口气追了十来里路，湿漉漉的汗水早已浸透了他的衣服。

鲍出抬头一望，前边有一群仿佛拿棍拖棒、零零散散的人正慢慢行走着，料定是贼人的队伍。

鲍出火冒三丈，急追几步大声吼："蝨贼休走，三猛子杀你们来了！"他的吼声震得山鸣谷应。

那些又饥又渴又热又累的贼人，一个个还没回过神来，鲍出已冲入了贼群队伍。

这伙贼子全是没经过什么训练的乌合之众，只能在七零八落的庄户里、老弱妇孺面前抖抖威风，他们哪里是武林高手教授过的鲍出的敌手呢！

鲍出挥动着削铁如泥的朴刀，冲入贼群，如入无人之境，前后左右，寒光闪闪，上似雪花盖顶，中如金龙缠腰，手起刀落，四五颗人头落地，像斜坡断蒂的西瓜乱滚……直吓得贼人一个个胆战心惊，四散奔逃。

忽听贼人头领高声喊："弟兄们，站住！不要怕他。他再凶也是一个人，没长三头六臂呀！大家一齐上，围住他，抓活的——"

贼头领喝令三四十人从四面八方，一个个躬着腰，举着长矛、砍刀，一步迈不出五寸地挪动，围上来了……

"三猛子，你快跑呀！不要管我——"鲍出听出是母亲的声音。他心一横，牙一咬，心想：擒贼先擒王。于是趁包围圈还很大时纵身一跃，冲向贼头领那边，奋力挥刀厮杀。只看见条条白光闪动，肉飞血溅；只听得声声惨叫，呼爹喊娘。一场恶战，鲍出又杀死、杀伤十余人。

那贼头领见抵挡不住了，一步跳上一个土台大声问："喂，你这汉子，为什么要苦苦追杀我？"

鲍出高声反问："那你们为什么要绑走我母亲？"

贼头领问："你母亲在哪里？"

"三猛子，母亲在这里——"鲍出一听，母亲就在附近的树丛里，便把刀尖指着贼头领骂："你这没心肝的混蛋，你也是父母生的，你这样残害老百姓没有好下场。你还不把我母亲放出来，我就与你拼了！"

头领赶紧放下武器，双手抱拳，和颜悦色地说道："壮士息怒，我们多有冒犯，马上就放回你母亲。还请壮士高抬贵手，放我们弟兄一条生路去吧！"

鲍出的母亲回到了儿子身边。

"三弟，你救救嫂子呀！"树丛里另一个妇女高声求救。

鲍出的母亲说："她是同母亲一起被抓来的，坡上魏老四家的。快救她呀！"

"你们快把我嫂子放出来！"鲍出说，"你这大哥，我再奉劝你几句。你们要想成大事，应该团结老百姓，共同对付那些贪官污吏，恶霸劣绅。"

说完，鲍出搀扶着母亲，与那位刚救出的妇女一道往回走去。

贼人抬着受伤的人也走了……

鲍出救回母亲后，害怕那伙贼子来报复，几个弟兄一商量，收拾好能带走的家什，锁好门户，一家人逃难去了。

■故事感悟

鲍出那种为救母不顾个人安危的精神，值得我们当儿做女的思考、学习呀！

■史海撷英

东汉九卿

东汉沿西汉制度，以太常、光禄勋、卫尉、太仆、大鸿胪、宗正、大司农、少府为九卿。与西汉不同的是，东汉九卿分隶属三公，太常、光禄勋、卫尉三卿属太尉；太仆、廷尉、大鸿胪三卿属司徒；宗正、大司农、少府三卿属司空。

东汉九卿均于官称上加"卿"字，如太常卿等，秩中2000石。除此之外，东汉九卿与西汉不同者还有：一、光禄勋除西汉的五官中郎将、左中郎将、右中郎将、虎贲中郎将、羽林中郎将之外，增置东中郎将、北中郎将、西中郎将、南中郎将。二、少府尚书改称尚书台，由西汉的常侍曹、二千石曹、民曹、主客曹改为六曹；改常侍曹为吏曹，增三公曹，将主客曹分为南主客曹与北主客曹。尚书台增设左右丞二人，诸曹侍郎各六人，令史诸曹各三人，事务繁剧的曹增令史各三人。尚书台组织较西汉尚书要重要、庞大得多。

■文苑拾萃

《二十四孝》

　　《二十四孝》全名《全相二十四孝诗选集》，是元代郭居敬编录，一说是其弟郭守正编录，第三种说法是郭居业撰。由历代二十四个孝子从不同角度、不同环境、不同遭遇行孝的故事集结而成。由于后来的印本大都配以图画，故又称《二十四孝图》，为中国古代宣扬儒家思想及孝道的通俗读物。《二十四孝》的故事大都取材于西汉经学家刘向编辑的《孝子传》，也有一些故事取材于《艺文类聚》《太平御览》等书籍。

廉范背父遗骨回家

廉范（生卒年不详），字叔度，京兆杜陵（今西安东南）人。赵国将军廉颇的后人。汉朝兴起，因为廉氏家族是豪门望族，朝廷把他们从苦陉（地名）迁到杜陵，世世代代都驻守边境，有的死后埋葬在陇西襄武（地名），所以廉范在杜陵做官。他的曾祖父廉褒，在汉成帝、汉哀帝时期担任右将军；他的祖父廉丹在王莽时期担任大司马庸部牧（官职名）。

廉范年少时，父亲在四川遭遇丧乱，客死在异乡。廉范15岁时，就急于去四川接父亲遗骨归乡安葬。当时的蜀郡太守原来是他父亲的部下，于是拿出很多钱，资助他迎丧。他婉言相拒，认为用别人的钱迎父亲的尸骨回乡对父亲不够孝敬。

他步行背着父亲的遗骨在乘船行进于白水江（四川昭化县西北）上时，不幸小船触礁，别人都弃物逃命，他却抱着遗骨不放，眼看就要被水淹没了。其他船上和岸上的人被他的孝行所感动，大家七手八脚地用绳索铁钩把他捞到岸上。经多方抢救，他才脱险。历尽艰难险阻，他终于把父亲的遗骨背回，安葬在家乡的土地上。

后来，廉范到公府当了府椽（文书），正赶上他的老师薛汉因参与楚王谋反而被杀，没有人敢出面收尸。廉范左思右想，感到无论如何也不能让自己的老师暴尸荒野，就冒着杀头的危险前去收尸。后来被人告发，汉显宗特别恼火，问他为什么去收尸。廉范说："薛汉谋反应该杀头，但他是我的老师，学生怎能让自己老师的尸体弃于荒野呢？收尸只是师生之情，绝没有其他任何原因，愿领受处分。"显宗知道他是廉颇的后代，也知道他和谋反无关，便放了他。从此，他得了个好义的名声。

永平（汉明帝年号）初年，廉范应陇西太守之请当了功曹。到任不久，他就断定太守要蒙难入狱，便辞去了功曹，隐名埋姓，到洛阳去当了狱卒。时过不久，太守果然被押解到洛阳下狱。在狱中，太守得到了廉范的保护和无微不至的关照，少受了很多罪，内心十分感激。廉范说："您聘请我是情，我照顾您是义，人应该有情有义呀。"后来直到太守死去，安葬完毕，他才离开洛阳。

廉范以孝义而出名，后来当了云中太守。当时正赶上匈奴入侵，他带领本部少数人马孤军奋战，机智勇敢地打退了入侵的匈奴，因军功调迁蜀郡太守。到任后，他顺从民意，兴利除弊，使蜀地百业俱兴，得到了百姓的拥护和颂扬。

□故事感悟

忠孝是做人的根本。廉范孝敬父母，对老师、上司竭尽忠诚；在国家有难时，不怕牺牲，报效国家；在看到百姓疾苦时，能施恩于民，兴利除弊。这都是他笃行孝道的结果啊！

光武帝平定匈奴

光武帝刘秀在建武十二年（37年）统一全国后，致力于内部建设，对匈奴转为战略防御，对西域各国要求重设都护和遣送质子入朝的要求予以拒绝。这在当时国力不足的情况下不失为一个正确的选择。

经过光武帝二十年和明帝十余年的休养生息，东汉的国力大为恢复。在明帝十五年（73年），刘庄去世的前三年，明帝决定重新对匈奴采取强硬措施，于是派耿秉（东汉名将耿弇的侄子）、窦固（东汉功臣窦融的侄子）率大军进攻北匈奴。耿、窦各率一路兵马，窦军一直打到天山，耿军攻到三木楼山，大获全胜。两年后，耿、窦又率兵出西域，进攻车师国。车师国后王和前王相继投降。

功 曹

功曹是官名，亦称功曹史。西汉始置，为郡守、县令的主要佐吏，主管选署功劳。东汉各州亦有功曹，而名称略有变更，属司隶校尉者称功曹从事，下设门功曹书佐等协助处理选用人员等事。其他的功曹从事改称治中从事（见"治中"），属员仍称功曹书佐。历代沿置。两晋、南北朝多改称西曹，也有并设西曹、功曹，官名有功曹从事、功曹史、西曹书佐、西曹参军等。北齐州府有功曹参军事，郡守的属官称功曹。隋炀帝废州置郡，改功曹为书佐。唐在王府、都督府等设功曹参军事，诸州称司功参军事。功曹权力在汉代最盛。郡之功曹，除人事外，常能与闻一郡政务。司隶校尉之功曹从事亦然，实为长官助理。

少女缇萦救父

淳于意（约公元前215—前140），临淄人，西汉初期著名医学家。因曾任齐太仓长，故人们尊称他为"仓公"或"太仓公"。淳于意自幼热爱医学，曾拜公孙光、公乘阳庆为师，学黄帝、扁鹊的脉书、药论等书，精于望、闻、问、切四诊，尤以望诊和切脉著称。淳于意诊断疾病，注意详细记录病案。他将典型病例进行整理，写出了中国医学史上第一部医案——《诊籍》。

淳于意曾拜名医阳庆为师，阳庆传他"黄帝、扁鹊之脉书，五色诊病"等医学知识。他学了三年后，就给人治病，能预知病人生死，一经投药，没有不立即痊愈的，因此远近闻名。淳于意不愿意跟做官的来往，也不会拍上司的马屁，所以没有多久就辞了职，当起医生来了。

淳于意切脉已经到了神乎其技的程度。如齐国侍御史成自述头痛，淳于意为他诊脉，诊断为疽症。认为他的病因内发于肠胃之间，因贪酒所致，五日时就会肿胀，八日时便呕脓而死。果然不出他所料，侍御石成于第八天因呕脓而死。

由于求医者众，淳于意又不常在家中，所以病人常失望而归。时间长了，求医者开始不满起来。由于淳于意能预知生死，有的病人无药可医，就责怪他不肯医治，以致病人死亡。怨气积久了，终会酿成祸患。

一次，有个大商人的妻子生了病，请淳于意医治。那病人吃了药，病没见好转，过了几天死了。大商人仗势向官府告了淳于意一状，说是他错治了病。当地的官吏判淳于意肉刑（当时的肉刑有脸上刺字、割去鼻子、砍去左足或右足等）。按西汉初年的律令，凡做过官的人受肉刑必须押送到京城长安去执行，因此，淳于意将被押送到长安受刑。

淳于意有五个女儿，没有儿子。淳于意临行时，女儿们都去送他，哭成了一团。淳于意看着五个女儿，长叹着说："生女不生男，遇到急难，却没有一个有用的。"

听了父亲的叹息，几个女儿都低着头哭，只有最小的女儿缇萦又是悲伤，又是气愤。她想：为什么女儿偏没有用呢？于是缇萦提出要陪父亲一起上长安去，家里人再三劝阻她也没有用。就这样，缇萦和父亲淳于意一起动身前往京城长安。

缇萦一路上细心照顾父亲的生活起居。临淄相距长安2000余里，一路上父女俩风餐露宿，尝尽人间辛酸。好不容易到了长安，淳于意马上被押入监狱中。

为了营救父亲，缇萦上书汉文帝为父求情，请求做奴婢替父赎罪。上书中这样写道："妾父为吏，齐中称其廉平，今坐法当刑。妾切痛死者不可复生而刑者不可复续，虽欲改过自新，其道莫由，终不可得。妾愿入身为官奴婢，以赎父刑罪，使得改行自新也。"意思是：我父亲做官的时候，齐地的人都说他是个清官。这次他犯了罪，被判处肉刑，我不但为父亲难过，也为所有受肉刑的人伤心。一个人砍去脚就成了残废；割去了鼻子，不能再安上去。以后就是想改过自新，也没有办法了。我情愿给官府当奴婢，替父亲赎罪，好让他有个改过自新的机会。

汉文帝看了信，十分同情这个小姑娘，又觉得她说得有道理，就召集大臣们，对大臣说："犯了罪该受罚，这是应该的。可是受了罚，也该让他重新做人才是。现在惩办一个犯人，在他脸上刺字或者毁坏他的肢体，这样的刑罚怎么能劝人为善呢？你们商量一个代替肉刑的办法吧！"

大臣们一商议，拟定一个办法，把肉刑改用打板子。原来判砍去脚的，改为打500板子；原来判割鼻子的改为打300板子。汉文帝就正式下令废除肉刑。这样，缇萦就救了她的父亲，使父亲免遭肉刑之苦。

汉文帝废除肉刑看起来是件好事，但实际执行起来是弊病不少。有些犯人被打上500或300板，就给打死了，这样一来反而加重了刑罚。后来到了他的儿子汉景帝时，才又把打板子的刑罚减轻了一些。

缇萦上书救父的孝行流传后世，成为后世孝道的典范。而汉文帝关心百姓疾苦，减轻刑罚的做法也得到了后人的称赞。

■故事感悟

精诚所至，金石为开。缇萦凭借着一颗拳拳爱父之心，感动了汉文帝，成功地救下了自己的父亲。如果不是出于对父亲的至爱，小小女子如何能步行千里，又何敢上书求情呢？

汉文帝的边疆政策

汉文帝即位后，不仅内政复杂棘手，边疆的形势也十分严峻。在国力不强的情况下，面对"胡强南劲"的形势，汉文帝采取了正确的策略，终于赢得了较好的外部环境。

自白登之围以来，汉廷对匈奴实行和亲政策，虽然收到了一定效果，但并不能根本上解除匈奴贵族的威胁，双方一直处于战和不定的状态。

文帝在位期间，为了谋求安定的和平环境，对匈奴一直采取克制忍让的态度，继续执行和亲政策，避免大动干戈。然而，匈奴虽然受益于和亲政策，却不信守和亲的盟约。汉廷急需行之有效的御边之策。

当时任太子家令的晁错上书汉文帝，分析汉朝与匈奴双方在军事上各自的长短，建议实行"募民实边"的策略。其主要内容为：在边地建立城邑，招募内地人民迁徙边地，一面种田，一面备"胡"；每个城邑迁徙千户以上的居民，由官府发给农具、衣服、粮食，直到他们能自给为止；迁往边地的老百姓，按什伍编制组织起来，平时进行训练，有事则可应敌。凡能抵抗匈奴人的侵扰，夺回被匈奴人掠夺的财富，则由官府照价赏赐一半。文帝在不同程度上采纳了这个策略。

此外，文帝还在边地建立马苑36所，分布在北部和西部，用官奴婢3万人，养马30万匹。在民间，同样奖励老百姓养马，以满足边防对马匹的需求。

肉刑

广义的肉刑包括黥（刺面并着墨）、劓（割鼻）、刖（斩足）、宫（割势）、大辟（即死刑）等五种刑罚。起源于"杀人者死，伤人者创"的原始同态复仇论，至夏、商、周成为国家常刑，有三典五刑之说，秦及汉初相沿不改。

狭义上的肉刑则指死刑以外的其他刑罚，以其侵刻肌肤、残害人体，故名肉刑。《荀子·正论》中写道："世俗之为说者曰：治古无肉刑。"所谓"治古"，指的是尧、舜的太平盛世。《汉书·刑法志》中写道："禹承尧、舜之后，自以德衰而制肉刑，汤、武顺而行之者，以俗薄于唐、虞故也。"这是说，肉刑始于夏、商、周三代。汉文帝在位期间，先后废除了肉刑中的墨、劓、斩左右趾（实即剕刑）和宫刑，被后人誉为"千古之仁政"。自此以后，肉刑基本停用。魏、晋以后，虽屡有恢复肉刑的议论，但终未被采用。当然，使用肉刑的个别事例还是有的。

李东阳愧父戒酒

李东阳（1447—1516），字宾之，号西涯，谥文正。祖籍湖广茶陵（今属湖南茶陵），汉族。明代中后期，茶陵诗派的核心人物，诗人、书法家、政治家。历任弘治朝礼部尚书兼文渊阁大学士。

明朝景泰（1450—1457年）年间，北京城中有个4岁的孩子能写一尺大字。皇帝听说后，让人将这孩子召入宫中，当场看他书写，又高兴地将他抱到膝上，赐给他果钞。这个4岁的小神童就是后来官居内阁大学士，成为一代文坛领袖的李东阳。

李东阳不仅自幼受到过良好的家教，长大后也非常重视家教，被人称作"孝友天植""文章与功业并懋"的一代名相。

天顺八年（1464年），18岁的李东阳考中进士，被选为庶吉士，后来又授官翰林编修。这位年轻有才的官员很有些文人之风，而且天生能饮，经常与同僚们一起饮酒，直到深夜。

有一次，他与同僚在外聚饮，尽兴而归时已是深夜。当时正值隆冬，李东阳的父亲李淳见他迟迟不归，很不放心，一直不肯就寝，忍寒以待，在等李东阳时，提笔写就了一首绝句。李东阳深夜归家，看到坐待未睡的父亲，不由得大吃一惊，再看过父亲那首待儿归的诗句，心中十分悔愧，从此痛下决心，终生不再夜饮于外。经常聚饮的同僚们得知李东阳戒饮的原因后，都纷纷对他的孝心和决心表示钦佩。

李东阳文才横溢，为时所共重，前后居官50年，当政18年，官至当朝一品，但他在家中始终是个重孝道、悌兄弟、睦妻子的人。他不仅对父亲孝敬，对生母和继母也都同样孝敬。对同母、异母兄弟之子抚养照顾，如同己子。

李东阳晚年罢政居家，京师内外来求诗文书篆者堵塞门户，这对于居官清廉的李东阳来说倒是实惠之事，他靠着诗文笔墨，颇能资给家用。据说有一天，他的夫人给他铺开纸墨，正待他挥笔书写，却见他面有倦容。夫人笑道："今日设客，可使案无鱼菜耶？"于是李东阳欣然命笔。

■故事感悟

李东阳虽官居高位，但对父亲尊敬有佳。为使父亲不再为他夜归操心，一改陋习，不再饮酒至深夜，足以见他孝敬之至。

■史海撷英

李东阳以诗自勉

正德年间（1506—1521年），内阁刘健、谢迁二公遭贬离京，只留下李东阳一人。当时刘瑾把持朝政，李东阳独木难支。有人画了一幅丑老妪骑牛吹笛的讽刺画，在画中老妪额上题"此李西涯（李东阳的号）相业"，以此嘲讽李东阳。有人向他报告此事，可他不动声色，自题绝句一首："杨妃身死马嵬坡，出塞昭君怨恨多。争似阿婆骑牛背，春风一曲太平歌。"在后来推翻刘瑾的斗争中，李东阳起到了关键性的作用。

田世国为母捐肾

2004年9月30日，上海复旦大学附属中山医院给一对母子做了一个非常特殊的手术：医生先从年仅38岁的儿子身上摘取一个鲜活的肾脏，然后移植到身患绝症、年过花甲的母亲刘玉环体内。

这令人称颂的孝子叫田世国，是一名律师。在母亲因身患尿毒症而痛不欲生的关键时刻，他毅然决定捐肾救母。

2004年3月26日，田世国接完弟弟打来的电话后，顿时脸色大变。在妻子的追问下，他才说："妈被确诊为尿毒症，已经到了晚期！"当天晚上，田世国就往老家枣庄赶。下车后，他直奔医院。就在他推开血液透析室门的那一瞬间，他被眼前的一幕惊呆了：母亲躺在白色的病床上，手臂上插着粗大的导管……

田世国从透析室出来后，立即奔向医生办公室。医生说："尿毒症患者的治疗方法主要靠血液透析或换肾来维持生命，虽然肾移植可以使病人像正常人一样生活，但不仅费用昂贵，而且肾源不好找。特别是像刘玉环这样已经年过花甲的老人，肾移植手术的风险更大。"田世国却没有灰心，他决定给母亲进行肾移植，并选定上海复旦大学附属中山医院给母亲做手术。

泌尿外科主任朱同玉教授从医15年，实施过的肾移植手术不计其数，但还是第一次碰到晚辈给长辈捐肾的病例。他深有感触地对田世国说：“我从事肾移植手术多年，常见的活体肾移植主要是父母捐给孩子，而小辈捐肾给长辈的，不仅我从没见过，就是在国内也绝无仅有。”他还特别告诉田世国，捐一个肾脏虽然对今后的日常生活不会产生太大影响，可一旦唯一剩下的肾脏受到损害就可能会危及生命。所以，他让田世国慎重抉择。

田世国说：“我妈操劳一生，该享福的时候却患了重病，所以我一定要救她。反正我是从妈身体里出来的，给妈捐一个肾，就当是再还回去了……”

9月30日早上7点，田世国首先被推进手术室。当手术单披在他的身上时，他感到一阵前所未有的轻松。他对身边的护士说：“我终于可以救我妈了。再过一会儿，我的肾就要在她的体内工作了。”母子俩一个在楼上一个在楼下，儿子的心牵挂着母亲的身体，母亲却不知道捐肾的人是儿子！

手术开始，朱同玉教授亲自操刀，十几名医护人员轮流上阵，一起展开了一场充满骨血真情的生命保卫战。这次母子换肾手术一直持续到下午1点50分结束，手术做得十分成功。刘玉环刚被推出手术室，儿子的肾便开始在她体内正常工作了。

手术后，田世国先母亲一步出院，回到枣庄老家休养。之后，换肾成功的刘玉环也回到枣庄老家。她的气色十分好，脸上的皮肤也不再干巴巴的，显得很滋润。老太太一进家门就底气十足地说：“想不到我又活着回来了。”

□故事感悟

“身体发肤，受之父母。”田世国不忍母亲遭受病痛的折磨，毅然捐肾救母。他的这种行为应当受到人们的赞扬与尊敬！

小康社会的历史由来

小康社会是古代思想家所描绘的诱人的社会理想，也表现了普通百姓对富裕、殷实的理想生活的追求。所谓全面的小康社会，不仅仅是解决温饱问题，而是要从政治、经济、文化等各方面满足城乡发展的需要。党的十六大报告中，从经济、政治、文化、可持续发展这四个方面界定了全面建设小康社会的具体内容，特别将可持续发展能力的要求包含在其中。具体就是六个"更加"：经济更加发展，民主更加健全，科教更加进步，文化更加繁荣，社会更加和谐，人民生活更加殷实。